Understanding Global Trade

当 代 世 界 学 术 名 著

理解全球贸易

E．赫尔普曼（E. Helpman）／著
田丰／译
何帆／作序

中国人民大学出版社
·北京·

“当代世界学术名著”
出版说明

中华民族历来有海纳百川的宽阔胸怀，她在创造灿烂文明的同时，不断吸纳整个人类文明的精华，滋养、壮大和发展自己。当前，全球化使得人类文明之间的相互交流和影响进一步加强，互动效应更为明显。以世界眼光和开放的视野，引介世界各国的优秀哲学社会科学的前沿成果，服务于我国的社会主义现代化建设，服务于我国的科教兴国战略，是新中国出版工作的优良传统，也是中国当代出版工作者的重要使命。

中国人民大学出版社历来注重对国外哲学社会科学成果的译介工作，所出版的“经济科学译丛”、“工商管理经典译丛”等系列译丛受到社会广泛欢迎。这些译丛侧重于西方经典性教材；同时，我们又推出了这套“当代世界学术名著”系列，旨在逐译国外当代学术名著。所谓“当代”，一般指近几十年发表的著作；所谓“名著”，是指这些著作在该领域产生巨大影响并被各类文献反复引用，成为研究者的必读著作。我们希望经过不断的筛选和积累，使这套丛书成为当代的“汉译世界学术名著丛书”，成为读书人的精神殿堂。

由于本套丛书所选著作距今时日较短，未经历史的充分淘洗，加之判断标准见仁见智，以及选择视野的局限，这项工作肯定难以尽如人意。我们期待着海内外学界积极参与推荐，并对我们的工作提出宝贵的意见和建议。我们深信，经过学界同仁和出版者的共同努力，这套丛书必将日臻完善。

中国人民大学出版社

中文版序言

我们正处在一个彷徨而喧嚣的年代。金融危机后，全球经济社会发生了深刻变化，出现了许多亟待解决的新情况、新问题，然而一些传统的经济理论对于现实问题的解释力备受质疑。并且，随着数字杂志、数字报纸、手机短信微信、网络、触摸媒体以及博客微博等新媒体的应用，公众在以各种方式享受表达自由的同时，也常常被淹没在信息与观点的海洋之中。一些优秀研究者的最新研究进展有助于我们加深对现实世界的理解，但往往却因为过于专业化而不被大众所接受与了解。哈佛大学经济系教授赫尔普曼推出其新作《理解全球贸易》无疑适逢其时。

在国际经济学领域有“三个 man”之说，意指世界范围内该研究领域的三个公认领军人物，赫尔普曼教授就是其中之一。具体而言，他在国际贸易、经济增长和政治经济学等领域均做出了开创性的贡献，并且是“新贸易理论”和“新增长理论”的奠基人。赫尔普曼教授的主要学术研究成果基本上都汇集在他的七本学术著作中：《市场结构和对外贸易》（与克鲁格曼合作），《贸易政策和市场结构》（与克鲁格曼合作），《全球经济中的创新与增长》（与格罗斯曼合作），《特殊利益政治》（与格罗斯曼合作），《利益集团与贸易政策》（与格罗斯曼合作），《经济增长的秘密》以及这本《理解全球贸易》。

通常而言，“大牛”的著作经常让人有高山仰止、难以企及之感，而赫尔普曼教授这本书的难得之处在于将艰深的学界思考用通俗的语言娓娓道来，平易近人且毫无涩滞之感。赫尔普曼教授并不是第一次做这种尝试，他上一本书《经济增长的秘密》也具有这样的特点。但本书更为具有吸引力之处在于，集中关注国际贸易理论及其应用。赫尔普曼教授详细阐释了国际贸易领域的理论观点是如何在实践基础上建立起来的，积累了哪些证据来检验或挑战这些理论观点，为适应新证据而对理论观点进行了哪些修正。这样一种模式无疑是理解国际贸易富有成效的途径。

特别值得一提的是，尽管赫尔普曼教授广泛涉猎国际经济学的多个领域，但国际贸易似乎更像他的本行，他在哈佛大学的教职就是 Galen L. Stone 国际贸易教授。本书题为《理解全球贸易》，实际上要理解的问题主要是两个：一是对外贸易的驱动因素；二是贸易如何影响经济结果。围绕着这两个问题，赫尔普曼教授系统阐释了对世界贸易结构的学术研究的演进过程，并对未来的研究方向进行了展望。此书的框架依据该组织原则牢牢构建于上述两个核心问题之上，异常明晰。在第 1 章，作者对远距离贸易的发展及其经济结果的一些特征事实进行了介绍。第 2 章讨论了新古典贸易理论中解释对外贸易驱动因素的两种主要范式。第 3 章在这两种范式的理论基础上进一步讨论了国家得自贸易的利益以及分配性冲突。尽管在近一个世纪中，新古典贸易理论在理解对外贸易方面处于主导地位，但是它难以解释第二次世界大战后国际贸易的新特点，20 世纪 80 年代贸易理论的第一次主要革命因而发生。第 4 章讨论了这次革命的重要产物——强调规模经济和垄断竞争的“新”贸易理论。随着新数据集的出现，在 21 世纪早期出现了关注单个企业特性的第二次贸易理论革命。第 5 章介绍了以货物贸易为重点的该革命的第一阶段，第6章讨论了以对外直接投资、离岸和外包为重点的第二阶段。最后是作者对于未来方向的思考。

这本书的正文只有120来页，而事实上，经过两个多世纪的发展，关于上述两个问题的学术文献已经浩如烟海，因此本书最见功力之处实际上是在于精选出最重要、信息含量最丰富以及对当前事件最具指导意义的洞见。凭借自身在国际贸易领域的杰出成就以及与包括其余两个“man”（克鲁格曼和格罗斯曼）在内的世界顶尖学者的长期合作，赫尔普曼教授对国际贸易理论的历史演进及最新进展做出了非常清晰准确的刻画。而赫尔普曼教授对现实世界的细致洞悉则来自于他对贸易政策性工作的浓厚兴趣以及亲身参与。赫尔普曼教授是出生在苏联的犹太人，后迁居以色列，在任职于哈佛大学以前，长期在以色列教书。在其早期的学术研究中，赫尔普曼教授试图通过理论研究来解答以色列所关注的国际贸易政策性问题，在此期间他与克鲁格曼合作推出了颇有影响力的《贸易政策和市场结构》。即使远赴美国后，他仍然深入参与了以色列经济政策的制定，成为以色列政府和以色列银行多个咨询委员会的成员。2002年，赫尔普曼教授与普林斯顿大学的格罗斯曼教授合作出版了《利益集团与贸易政策》，这本书不仅是贸易政策研究者的必读之书，而且书中介绍的政治经济分析方法如同强大的探照灯，照射到了其他有关政策制定的领域。经济学和政治学由此汇成大江，合流入海。

中国正处于经济结构调整的紧要关口，贸易转型是中国经济结构调整的重要内容，也是决定其成败的重要因素之一。而所谓的贸易转型实际上意味着贸易结构在产业、产品、地理方向以及厂商等方面的深刻调整。我们已经看到，相对于金融危机前，中国的对外贸易正在发生显著的变化，这种变化的动力既来自于成本上涨等供应方因素，也来自国际市场变化等需求方因素。我们因而亟待回答的问题是，在这两方面因素的夹击之下，中国的对外贸易将走向何方？是否与我们希望的方向一致？如果有偏离，这样的偏离会有多远？什么样的政策措施能够促使中国的对外贸易朝着我们想要的方向转型？在不同的贸易结构下，贸易可能对中国的经济增长与分配性冲突产生什么影响？

赫尔普曼教授的本书并没有提供现成的答案，他所做的主要工作是用简洁准确的语言以非常通俗易懂的方式坦诚地向大众介绍，贸易结构及其经济后果，经济学家已经知道什么，尚不了解什么，未来希望研究什么。而对于专业研究人员而言，能够从赫尔普曼教授简朴平实的介绍中深切体会到其精妙之处，如同在浩瀚书海中的一盏指路明灯，时有顿悟之感。这也是我为什么愿意向大家推荐这本书的重要原因。

何帆

序　言

要理解全球化，我们首先需要理解是什么导致了国际贸易以及跨越国家边境的生产组织的出现及形成。然而，经过最近两个世纪的发展，关于这一主题的学术文献已经浩如烟海，并且其中许多过于专业以至于非专业人士很难理解。但学术文献中包括许多重要的洞见和成果，包括政策制定者、政治学家、其他社会科学家以及虽然不具备学科背景但是密切关注世界事务的人士在内的广泛大众都会对这些洞见有着浓厚兴趣。我写作本书的目的是帮助上述人士增进对这些问题的理解。为此，我用通俗易懂的语言撰写本书，尽可能少用专业术语。并且，在使用专业术语时，我也解释了其含义。

我也希望经济学专业的本科生和研究生以及其他专业经济学家对这本专著有兴趣，因为本书提供了对这些问题进行专业思考的概要。学者们通过理论和实证分析摸清了导致国际贸易和外国直接投资发生的复杂力量，由于他们的不懈努力，我们对于全球贸易的理解在历经几代人之后得以极大深入。由于世界经济在持续变化，我们有必要反复重新检验对这些问题的现有观点，在考虑实证新发现的基础上修正分析的框架，并设计新方法来检验理论假设。这项研究事业就导致了一场持续的竞赛，这场竞赛在不断变化的世界经济和需要为适应这种不断变化的情况而对分析和实证框架进行调整的经济学家之间展开。

为了使读者尽快地接触该领域的最新文献，对于较早文献，我将着重讨论其对理解当前事件有重要意义的方面，同时留出较多的篇幅给最近的研究。于是，对近十年来的研究讨论得更为细致。因此，一些学识渊博的读者可能会觉得来自文献的一些结论还没有经受时间的检验，从而应该淡化，而另一些读者可能会觉得不同的题目应该被阐释得更为充分。我能理解为什么不同的作者会作出不同的选择。然而，尽管这本书反映了我的偏好，但我还是尽力提供对文献的中立看法。换句话来说，本书不是对该领域不加区别地评论，而是反映了我对于什么是重要的、信息含量丰富的以及有希望具有持久生命力的这一问题的最佳判断。

我非常感谢许多自愿（在压力下?）花时间改进本手稿的人士。在慷慨提供文中所用数据的学者和在每次引用数据时明确感谢的学者之外，还有波尔·安特拉斯（Pol Antràs）、哈里·弗洛姆（Harry Flam）、亚当·谷忍（Adam Guren）、奥列格·伊特斯胡克（Oleg Itskhoki）、凯文·奥罗克（Kevin O'Rourke）、奇安马可·奥塔维亚诺（Gianmarco Ottaviano）、斯蒂芬·雷丁（Stephen Redding）以及丹尼尔·柴夫勒（Daniel Trefler）给了我很多有益的评论。此外，我的长期合作者吉恩·格罗斯曼（Gene Grossman）提供了特别细致有用的评论，本手稿因而得以极大地完善。我还非常感谢简·特拉汗（Jane Trahan）在编辑方面给予的协助，像往常一样，她使我免于许多语言上的困窘。最后，我要感谢加拿大高级研究所（Canadian Institute for Advanced Research）给我参加其项目的机会以及美国国家科学基金会（National Science Foundation）提供的资金支持。

目　录

第1章　导　论

国际相互依赖是世界经济的一个主要特征。各个国家的经济命运通过贸易、外国直接投资和金融资本流动交织在一起。由于生产网络延伸至各国和各大陆，所以一国产品的供应高度依赖诸多其他国家的经济活动。2008年的全球危机以最生动的方式展示了这种相互依赖。这场危机导致世界贸易量下降了1/4以上，对金融体系仍然正常的国家也造成了不利影响。而且，历史记录显示，远距离贸易以复杂的方式与经济发展相互作用，在世界经济演进方面起着核心作用。因而，理解对外贸易的驱动因素以及贸易如何影响经济结果是十分重要的。本书通过大量的研究文献，提供了对此问题的一种理解。

社会科学不同于自然科学，自然科学的重大研究目标并不会随着时间的推移发生太大变化，而在社会科学领域，特别是经济学领域，研究目标一般会改变和重塑。在这方面国际贸易也不例外。如果经济、技术、政治或制度变化导致国家和地区改变，对外贸易的性质也会改变。而且从历史的角度看，这种改变并不罕见，而是常有。因此，关于该主题的思考必须反复调整以适应变动中的环境。这一主旨也是本书的组织原则，它解释了对于世界贸易结构从诞生到现状的学术研究的演进过程。

远距离贸易不仅在现代经济中起着根本作用，也是新石器革命以后经济发展的突出特征，因为这时采集狩猎者群体演进为了专门种植粮食作物的定居社会。随着城市和早期文明的出现，贸易的重要性进一步提高。商队穿行于新月沃土，在美索不达米亚和黎凡特间进行贸易，随着时间的推移，贸易路线逐渐扩展至亚洲和欧洲的遥远地域。罗马帝国管理着广大的贸易网络，按照麦考密克（McCormick，2001，p. 778）的研究，这一网络将 3 个大陆联系在一起：欧洲，西亚和北非。大量商品通过海洋和陆地运输，包括石油和谷物，帝国对其中许多贸易提供补贴。商品主要沿着南—北路径穿过欧洲，穿越地中海。

公元 5 世纪西罗马帝国的解体使其中许多进展陷于停滞。沃德-珀金斯（Ward - Perkins，2005）记录了帝国各地区生活标准的降低。他报告说，考古学研究显示，罗马人生活在一个“……精致的世界，其中罗马时期意大利北部的农民会用来自那不勒斯附近地区的餐具吃饭，用来自北非的双耳瓶存放液体，睡在瓦铺的屋顶下”（pp. 87 - 88）。远距离贸易有助于保持这一生活水平，该水平不是仅限于精英，普通大众也可以通过获得高质量的功能性产品而受益。沃德-珀金斯图 5—4 中的地图（2005，p. 98）显示，一种法国南部大量生产的陶器广泛分布于欧洲和北非。一种长期流行的观点认为，罗马帝国解体之后就进入了“黑暗时代”。[1]

麦考密克（2001）极其详细地记载了遥远地区人们沟通和迁移方式的演变。他认为，尽管缺乏商业方面的良好数据，上述进展——在 8 世纪卡洛林王朝期间尤为突出——表明，存在大规模远距离贸易。在阿拉伯药理学基础上炮制的外来药物和新药取代了欧洲的香料进口，同时，丝绸继续流入西北欧。麦考密克写道：“为了支付这些进口，欧洲生产极少数价值高、体积小的产品。尽管文字记载非常罕见，但也许某些纺织品和罐头看上去比较符合这一点。皮毛，很有可能，并且法兰克人的剑确定无疑曾经出口到伊斯兰国家”（p. 791）。但在800年左右最大的出口是欧洲的奴隶，西班牙以及非洲和亚洲一些比较发达的经济体对此有很大的需求。在欧洲经济发展过程中，奴隶贸易起着主要作用。

芬德利和奥罗克（Findlay and O'Rourke，2007，表2.1）[2]提供了大约在1000年8个地区间贸易产品的矩阵。这些数据显示，西欧向东欧出口剑，向伊斯兰国家出口奴隶和剑；而东欧向西欧和伊斯兰国家出口奴隶、皮毛和白银，向中亚出口皮毛和剑；伊斯兰国家向西欧出口胡椒、香料、纺织品、丝绸和白银，向东欧出口纺织品和白银，还向中亚出口纺织品，向撒哈拉以南的非洲地区出口纺织品、剑和马匹；最后，东亚向伊斯兰国家、中亚、南非和东南亚出口丝绸，向伊斯兰国家和南亚出口瓷器，向中亚出口茶叶，向东南亚出口铜。

随着诸如威尼斯和热那亚这样的城邦国家的兴起以及商业革命的出现，贸易在中世纪得到了扩张（参见Findlay and O'Rourke，2007，chap. 3）。尽管定量数据很难得到，但芬德利和奥罗克（p. 140）记录了韦克（Wake，1986）关于香料贸易的发现。公元1400—1500年，胡椒进口只小幅增长了20%，而胡椒以外的香料进口（例如丁香和肉豆蔻）同期翻了一番以上。威尼斯在期初进口了大约60%的胡椒以及不到一半的其他香料。

1492年克里斯托弗·哥伦布（Christopher Columbus）发现美洲，1498年瓦斯科·达·伽马（Vasco da Gama）发现经好望角抵达东印度群岛的通道。尽管这两大发现无疑对于世界历史和远距离贸易有里程碑式的影响，但历史学家们对上述发现的即期影响存在争论。葡萄牙、卡斯提尔和阿拉贡等伊比利亚国家显然受影响，世界其余部分在随后的世纪里受到影响。但这些发现对于全球市场一体化的重要性有多大呢？一些历史学家认为，在地理大发现时代以前世界市场已经一体化了，而另一些学者认为在此之后一体化才真正开始。当然，去美洲和东印度群岛的航班数量因为这些发现而显著增长，运输的吨位也是如此。然而奥罗克和威廉姆森（O'Rourke and Williamson，2002）发现，作为市场一体化重要衡量标准的地区间价格趋同直到19世纪才出现。[3]

芬德利和奥罗克（2007，图4—5）在德·弗里斯（de Vries，2003）研究的基础上提供了关于每10年驶往亚洲的船只数量以及这些船只返回欧洲时的载重量的数据。图1—1中复制了他们的图形中的（a）部分。[4]显然，葡萄牙在16世纪控制着这条航线，此后荷兰人接替了领导者的地位。而且，从葡萄牙驶出船只的数量随时间推移不断减少。但在16世纪这些船只返回葡萄牙时所运载的吨数并没有降低，这是因为船只变得更大，并且出港船只中返回的比例也更高（参见 Findlay and O'Rourke, 2007, p. 185）。然而，当来自荷兰、英国和法国的竞争加剧后，葡萄牙船只运输的吨数开始减少。

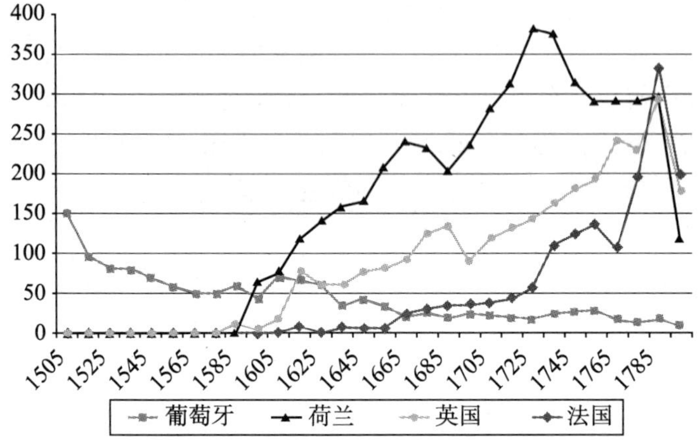

图 1—1　每 10 年驶往亚洲的船只数量

资料来源：Findlay and O'Rourke（2007，Figure 4.5）。

尽管新世界的发现以及找到通往群岛的通道显著促进了随后几个世纪欧洲经济的发展，但世界贸易量相对于收入的比例直到19世纪仍然很低，这符合奥罗克和威廉姆森（2002）关于价格趋同的观点。根据埃斯特瓦德奥达尔、弗朗茨和泰勒（Estevadeordal, Frantz and Taylor, 2003），在1800年，进口加出口仅占GDP的2%，然后在第一次世界大战前，即1913年增长到首个峰值21%，在两次世界大战之间又降低，正如图1—2[5]所示。第二次世界大战后，贸易比收入增长得更快，正如图1—3所示。贸易相对于收入的比率不断提升，在19世纪70年代早期超过1913年的峰值。现在，贸易相对于收入的比率远远超过以往。

根据奥罗克和威廉姆森（2002）的观点，18世纪以前远距离贸易绝大部分由非竞争性产品组成，即那些进口地区不生产的产品（例如香料、丝绸、羊毛）。到19世纪早期，远距离贸易也包括相当数量的基本商品，例如小麦和纺织品等简单的制成品。在19世纪，贸易快速扩张，部分是因为运输成本降低幅度惊人，部分也是因为制造业的兴起。市场间的价格差异因而显著降低。从非竞争性商品到基础商品的转变也使贸易快速扩张。在最后阶段，制造业的额外增长和多样化以及产品差异化的兴起进一步促进了世界贸易的增长。即，生产和消费的转变极大地影响了初始的低贸易量及其随后的增长。

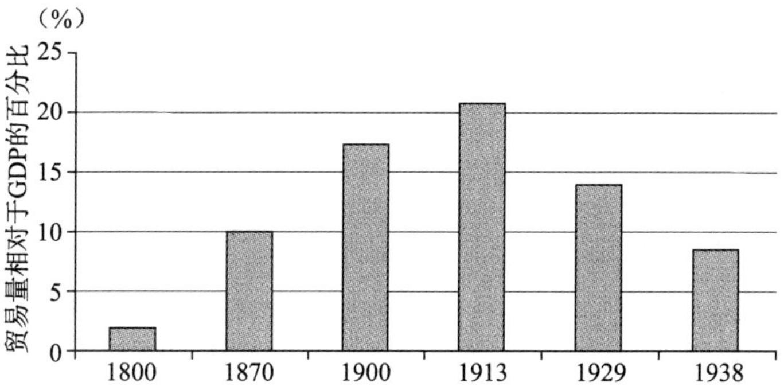

图1—2　世界进口与出口之和相对于世界GDP的百分比

资料来源：Estevadeordal，Frantz and Taylor (2003).

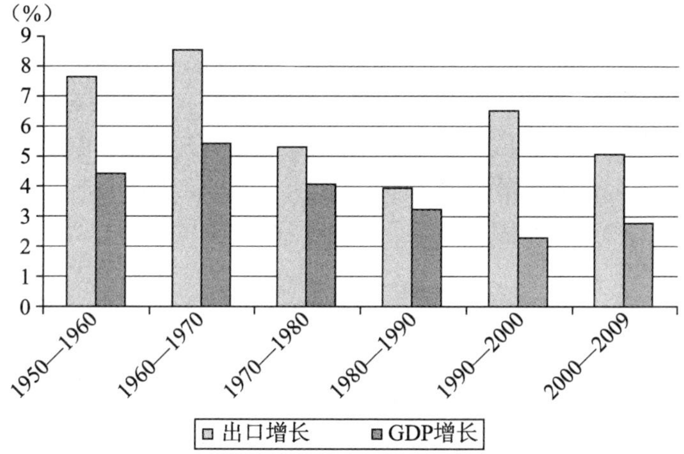

图1—3　每10年世界出口量和GDP的平均增长率

资料来源：世界贸易组织，国际贸易统计，2009 (2010年4月6日从网上获得)。

尽管远距离贸易的演化与经济发展相联系，但两者间的相互依存关系复杂。特别是，我们不能认为影响是单向的，即，经济发展导致贸易扩张，因为远距离贸易会影响经济发展，而经济发展也会影响贸易。更进一步说，贸易通过包括制度和政治方式在内的多条渠道影响经济发展。

美洲发现后的远距离贸易经常被作为导致欧洲与中国经济状况分化的

主要事件。尽管欧洲与中国在18世纪中期发达程度类似，工业革命发生在欧洲，欧洲因而比中国增长得快，最终导致人均收入方面的巨大差距（参见Pomeranz，2000）。自然地，贸易本身并不是工业革命的驱动力，而仅仅是影响因素之一。根据艾伦（2009），英国可用的便宜煤和高工资导致以机器替代劳动的技术的发展，这些技术推动了英国的经济增长。[6]随着新技术扩散至欧洲大陆，首先促进了荷兰的经济增长，接下来是其他西欧国家的经济增长。

阿西莫格鲁，约翰逊和鲁滨逊（Acemoglu，Johnson and Robinson，2005）指出，1500年之后欧洲的增长集中在接近大西洋的国家：英国、法国、荷兰、葡萄牙和西班牙，这些国家与新世界进行贸易并获得海外殖民地。这些商业机会强化了商人群体和企业家的政治力量，而削弱了君主的力量。行政部门因而受到了更广泛的制约，社会中更大部分人的产权获得了更多的保障。与新世界进行贸易所带来的这些意想之外的结果使大西洋贸易国家领先于其他欧洲经济体。[7]

然而，与新世界的贸易也对西班牙造成了不利影响，卡斯蒂利亚制度（Castilian institutions）被证明不足以制约菲利普二世的权力。美洲白银的流入促使菲利普二世卷入战争，而这些战争最终花费了巨额支出，不得不依靠国内税收和向国外银行大规模举债来维持。根据宰里池曼（Drelichman，2005）以及宰里池曼和沃斯（Drelichman and Voth，2008）的观点，接下来王权与议会间的争斗削弱了国内机构的实力，对西班牙的经济增长产生了不利后果。[8]

尽管远距离贸易和国际贸易不完全是同一现象，但两者紧密相关，因为很多远距离贸易也是国际贸易。确实，加利福尼亚州和马萨诸塞州（美国的两个州）间的贸易是远距离的，英属哥伦比亚和魁北克（加拿大的两个省）间的贸易与此类似，但哪一个都不是国际贸易。土耳其与叙利亚或以色列与约旦间的贸易是国际贸易，但相对而言距离短。不过我们的讨论将集中于国际贸易，强调产品的跨国境转移。

国家层面的特征差异塑造了对外贸易结构，而地理特征在形成国家内部区域间的贸易流向方面更为重要。而且，同一国家内部间一体化的程度超过不同国家间一体化的程度。然而，国际贸易和区域经济学这两个领域具有一些俄林（Ohlin，1933）已经强调过的共同特征，例如运输成本，经济活动的集聚以及生产与消费的分离。

我的阐述遵循国际贸易领域的历史演化进程，强调理论与实证间的互动。特别是，我从多个方面解释了理论观点，包括理论观点是如何建立起来的，积累了哪些证据来检验或挑战这些理论观点，为适应新证据而对理论观点进行了哪些修正。理论化——通过实证调查证实理论的部分内容并否定其他部分——根据新证据更新理论，这样一个链条是理解国际贸易富有成效的模式。而且，考虑到国际经济互动处于变化中这一特性，这种模式是不可避免的。换句话说，当国民经济及与之相随的国际专业化模式改变时，从前适当的理论就变得不那么适当了。

第 2 章讨论了对外贸易的两种主要范式，这两种范式分别形成于 19 世纪早期和 20 世纪，前者由大卫·李嘉图（David Ricardo）提出，后者由伊莱·赫克歇尔（Eli Heckscher ）和伯蒂尔·俄林（Bertil Ohlin）提出。每种范式根植于其时期背景中，前者用国家间的劳动生产率差异解释贸易流，而后者用要素禀赋，即劳动、资本和土地等生产性资源的可获得性上的差异，来解释对外贸易。在每种情况下，贸易发生的根本原因都是被用来解决特定问题。20 世纪的绝大多数时间里，这两种范式被广泛地研究，并应用于诸多问题，例如得自贸易的收益，社会中对是否开放市场抱持不同意见的群体间的利益冲突，包括自由贸易协定和多边贸易谈判在内的贸易政策的影响，以及国际贸易与经济增长的关系。得自贸易的收益和分配性冲突将在第 3 章考查，贸易政策对国家经济的影响是一个大题目，本身就值得用一本书的篇幅来讨论，我决定在这本刻意精简的书籍中不涉及该题目。贸易与增长是一个重要的问题，在赫尔普曼（Helpman，2004，chap. 5）中有详细的讨论，由于我觉得没有太多的新内容加入，因而在本书中不再赘述。

虽然在 20 世纪绝大部分时间里在理解对外贸易方面处于主导地位的新古典贸易理论有很多优点，但是它不足以解释第二次世界大战后变得特别突出的许多现象。这导致了 20 世纪 80 年代早期贸易理论的第一次主要革命，并且导致后来被称为“新”贸易理论的发展，我将在第 4 章中讨论该理论。这次革命的动力来自实证，“新”贸易模型强调规模经济和垄断竞争，并引发了新的实证工作。然而，随着世界贸易性质的不断变化，以及 20 世纪 90 年代可以获得新数据集，20 世纪 80 年代的理论模型的不足开始凸显。因而，在 21 世纪早期发生了第二次革命，这次聚焦于单个企业的特性以及他们如何参与国际交易。该革命的第一阶段在第 5 章讨论，重点是货物贸易。第二阶段在第 6 章讨论，重点是外国直接投资（即对外国领土内子公司的所有权）、离岸和外包。

读者也许会奇怪，为什么外国直接投资到现在还没有被提及。是不是因为外国直接投资在较早以前不重要，而直到 20 世纪 90 年代才变得重要起来？答案当然是，包括外国直接投资在内的国际资本流动在经济史上起着重要作用，在发现新大陆后随着殖民地的扩张更是如此。以外国直接投资和外国金融资产等形式持有的外国资产，伴随着贸易的增长而在 19 世纪快速增长，在 19 世纪末，其相对于 GDP 的规模也扩张了。尽管外国资产持有与国际贸易一样在第一次世界大战后崩溃了，但在第二次世界大战后再次快速扩张（参见 Obstfeld and Taylor，2004，table 2.1）。

战后外国资产持有的扩张许多来自证券投资，这部分本书不会讨论。外国直接投资与对外贸易联系密切，本书将放在第 6 章集中讨论，从而可以依靠以前章节提供的知识作为铺垫。外国直接投资流量在第二次世界大战后快速增长，在 2001 年互联网泡沫破灭前达到顶峰，之后也崩溃了。在 2006—2007 年间，外国直接投资流量恢复，达到 2001 年的顶峰状态（参见 UNCTAD，2009）。重要的是，跨国公司占据中心地位的世界范围内生产网络的出现只能在第 4 章和第 5 章所讨论的更宽泛框架下理解。

最后一章提供了本书主要章节中并未涉及的两个目前正在进行中的研究项目的简短讨论，以及关于未来方向的思考。由于国际贸易和外国直接投资的研究已经高度专业化，我非常希望关于该主题已知内容的非专业阐述能够帮助读者更好地理解我们周围的世界。

第2章　比较优势

自古以来，国家间就进行贸易。大约 3000 年前，所罗门国王为了在耶路撒冷建造寺庙，向提尔（Tyre）国王海勒姆（Hiram）定购黎巴嫩雪松（参见 1 Kings 5：9），而许多现代耶路撒冷居民用意大利瓷砖铺地。

经济学家们长期以来一直在思考一个问题：国际贸易的驱动力是什么？关于黎巴嫩雪松，答案也许很简单：如果一个人执意在耶路撒冷用这种高质量的、散发着芳香的木材建造寺庙或宫殿，那么就必须从黎巴嫩进口雪松，因为那儿是雪松的生长地。类似地，如果一个人执意在耶路撒冷用意大利瓷砖铺地，那么就必须从意大利进口瓷砖。然而，上述答案不能让人完全满意。理所当然，黎巴嫩雪松之所以生长在黎巴嫩，是因为当地的自然条件适合这些树木的生长，想要用雪松的人因而必须从黎巴嫩进口。但为什么有人会执意用黎巴嫩雪松而不是其他木材？大概是因为商品间的相对替代成本不够低。但如果这样，原因又是什么呢？

意大利瓷砖的情形甚至更为复杂，这些瓷砖用意大利石头制成，能在耶路撒冷加工，因而实际上可以进口意大利石材并在进口国切割加工成瓷砖。所以，意大利制造的瓷砖有什么特别之处，以至于人们有足够的理由选择从意大利购买瓷砖而不是仅仅购买石材呢？在这种情形下，我们还可以问：为什么要用意大利产的瓷砖，而不使用在其他国家如土耳其制造的瓷砖呢，或者使用本地石材加工而成的瓷砖呢？

这些问题的答案当然并不唯一，恰恰相反，国际贸易的原因是多方面的。其中许多答案与形成专业化模式的驱动力有关，比如国家间在技术、禀赋、偏好、制度或市场结构方面的差异。作为其中一个例子，亚当·斯密200多年前在《国富论》（1776年出版）中提到了国家内部专业化和国家间专业化二者的相似之处：

> 家庭中每个精明的主人都知道，如果制造（一件物品）比购买（该物品）花费更多，那么永远不要尝试在家里生产。裁缝不会试图做自己的鞋子，而是到鞋匠那里买。鞋匠不会想做自己的衣服，而是找裁缝。农民既不会试图给自己做鞋子，也不会试图给自己做衣服，而是去找这些方面的行家里手。所有人都发现，在与邻居相比具有一些优势的领域进行生产，并用部分产出（或者说用部分产出的价格，这是一回事）购买自己需要的任何其他产品，这样可使整个产业有利可图。
>
> 在每个私人家庭被视为精明的做法，上升到伟大王国层面也不太可能被视为愚蠢。如果外国能够以比我们自己生产更低的成本供应某种商品，比较好的做法就是用我们自己生产出来的部分产出购买这些产品，用对我们有利的方式来使用（Smith，1937，p. 424）。

然而，这种类比并不完全令人满意。首先，工人或技工层面的专业化能够轻易在不同国家复制。如果意大利有裁缝，是否意味着在法国或德国缝制衣服就不赚钱或不需要呢？如果是这样，法国人或德国人穿的衣服将全部由意大利供应。这一结论与现实存在显著差异。现实中，许多产品由为数众多的国家制造。专业化很难是完全的。即使一个国家在特定产品的生产方面胜出，该国也不太可能成为这些产品的唯一生产者。其次，什么因素使得外国“……能够以比我们自己生产更加便宜的方式供应一种商品呢?”一些国家在供应特定产品方面具有自然优势，例如黎巴嫩在雪松木供应方面或意大利在瓷砖供应方面，如果其他国家要生产这些产品，成本可能会十分高昂。正如亚当·斯密所指出的：

> 有时一国相对于另一国在特定产品生产方面所具有的自然优势如此巨大，以至于全世界都知道与之抗争毫无意义。依靠玻璃暖房、温床和热壁，苏格兰能够生产出上佳的葡萄，并能用这些葡萄生产上佳的葡萄酒，而外国如果想要生产出至少同等品质的葡萄酒，其成本大约是英国的 30 倍。仅仅为了鼓励苏格兰酿造红葡萄酒和勃艮第葡萄酒就立法禁止进口所有外国酒，这合理吗?但如果将资源转向生产某些商品，而这些商品在国内生产所需的资本与劳动力是从国外购买相当数量、同等品质的商品所需资源的 30 倍，则显然太荒谬了（Smith，1937，p. 425)。

也就是说，在一国用资源生产那些从国外购买反而花费更少的产品，这得不偿失。但是，接下来一个新的问题产生了：什么决定了国内生产与进口这两种可选供应渠道的相对成本?相对成本并不是上帝决定，至少对于绝大多数商品而言不是这样，并且相对成本不仅仅取决于特定商品市场的情况。通常，相对成本也取决于其他商品市场、劳动力市场及机器和设备市场的情况，等等诸如此类，因为生产成本取决于可获得的技术，各种投入的可获得性，以及来自所有方面对这些投入的需求。换句话来说，相对成本是通过许多部门和不同类型市场间的互动，由经济学家所说的“一般均衡”(general equilibrium）决定的。这种相互依赖使国际贸易和外国直接投资研究具有挑战性。

对比较优势的传统解释集中于部门贸易模式，强调决定部门供应的力量，而部门是由生产相似产品比如汽车或服装的企业所组成的，国家间的贸易流当然取决于但也不仅仅取决于供应体系的特征。一国贸易取决于其部门供给与需求水平间的差异。小麦种植多过其消费的国家出口小麦，而小麦种植少于其消费的国家进口小麦。所以，塑造需求模式的力量同样塑造了对外贸易的结构。

然而，需求方面的考虑一直未得到足够重视，首先是大卫·李嘉图，比较优势技术理论的创立者，继之以伊莱·赫克歇尔和伯蒂尔·俄林，比较优势要素比例理论的创立者。接下来我们将讨论这些理论。

2.1 技术[①]

大卫·李嘉图在其著作《政治经济学与赋税原理》（1817年出版）第7章中建立了关于比较优势的首个全面理论。他在这一章阐明了，就经济活动而言，国家间差异区别于同一国家内区域间差异的原因。如果在约克郡使用的实物资本投资利润率超过在伦敦使用的实物资本投资利润率，资本会快速地从伦敦转移到约克郡。劳动也是如此，如果一国某个区域的实际工资率超过另一个区域的实际工资率，来自后一个区域的工人会去前一个区域找工作。但是劳动力和实物资本不会如此快速地从一个国家转移到另一个国家。因而生产中使用的要素投入价格，在一国区域间不会相差太大，但是在国家间能够并且确实存在巨大的差异。该前提在他关于比较优势的观点中处于核心地位，并且从此被一代又一代学者所采纳。

仔细想一想李嘉图关于英国和葡萄牙间酒—布贸易的例子，这个例子构建在他的劳动价值论基础上，该理论认为，商品的相对价值取决于生产它们所需要的相对劳动数量。他从葡萄牙开始分析，然后指出葡萄牙与英国间酒和布的交换比率并不像原本应该的那样取决于“各自生产每种商品所需要用到的劳动数量，如果这两种商品都在英国或都在葡萄牙生产的话”（Ricardo，1971，p. 153）。换句话来说，国家内决定相对价格的因素并不决定贸易关系中的相对价格。对此他还作出了如下详细阐述：

> 英国的情况也许是这样的，要生产布可能需要100个人1年的劳动；而如果想生产酒，可能需要120个人1年的劳动。英国因此会发现，用出口布的收入进口酒符合其利益。
>
> 对葡萄牙来说，生产酒可能仅需要80个人1年的劳动，而生产布可能需要90个人1年的劳动。因此，出口酒以换取布对葡萄

① 通常情况下，“technology”和“technique”都被译为“技术”，但在理论上，两者间存在显著的区别。前者与生产函数相对应，后者则指既定生产函数条件下要素组合的变动。虽然如此，考虑到本文中后者仅出现两次，为便于读者阅读的方便，本文在翻译中未作区别，仍然按照习惯将两者均翻译为“技术”。——译者注

> 牙有利，尽管葡萄牙从英国进口的商品能够在本国用少于在英国的劳动力生产，交易还是会发生。虽然葡萄牙可以用 90 个人的劳动生产布，它还是会从一个需要 100 个人的劳动来生产布的国家进口，因为进口布而将本国资本用于生产酒，对葡萄牙有利，比起将一部分本国资本从种植葡萄转向生产布，她能够从英国获得更多布。
>
> 这样英国会交付 100 个人劳动生产的产品，以换取 80 个人劳动生产的产品。这种交换不会发生在同一国的个人间。100 个英国人的劳动无法用来交换 80 个英国人的劳动，但是 100 个英国人劳动的产品也许能够用来交换 80 个葡萄牙人、60 个俄罗斯人或 120 个东印第安人劳动生产的产品。通过考虑资本为寻求更加有利可图的使用而从一国流动到另一国的难度，以及资本总是在同一个国家从一个省流动到另一个省，一国和多国的差异很容易从这个方面得到解释（Ricardo，1971，pp. 153－154）。

李嘉图接下来继续提到，在这些情况下，有利的方式是将英国用来生产布的资源转移到葡萄牙，这样布能够在更有效率的国家，即在布的生产上具有绝对优势的国家进行生产。但是假如资源附着于国家，这些效率收益无法实现。

该讨论包含了经济学中最有名的结论之一：是比较优势而不是绝对优势，决定了贸易和专业化的模式。[9]英国出口布，尽管在英国生产同样数量的布相对于葡萄牙而言需要更多工人，因为在英国，生产布所使用的劳动相对于生产酒所使用的劳动是 100/120，在葡萄牙是 90/80，而 90/80 高于 100/120。换句话说，英国工人在布的生产方面相对更有效率，而葡萄牙工人在酒的生产方面相对更有效率。那么这个技术数据如何影响两国的工资？答案是，葡萄牙工人的工资应该处于英国工人工资的 100/90 到 120/80 倍之间，因为如果更高，在英国生产布和酒比较便宜，而如果更低，在葡萄牙生产酒和布比较便宜。在任意一种情况下，都不存在对其中一国劳动的需求，从而压低该国的工资率。[10]相对工资到底是多少，因而布的价格相对于酒的价格到底是多少，要取决于需求状况。[11]对布的需求相对高会推动葡萄牙工人的相对工资接近 100/90，对酒的需求相对高则会推动相对工资接近 120/80。然而，英国出口布而葡萄牙出口酒，这是与作为结果的相对工资无关的。李嘉图体系预言了贸易流的方向，但这只是一个定性结果，它没有预言贸易量。知道英国和葡萄牙的技术特征并不足以预言贸易量，我们还需要了解它们对布和酒的偏好。[12]

李嘉图观点的适用性有多广泛呢？答案取决于我们认为什么是他观点的核心。如果认为其核心在于，国家间部门生产率水平的差异是国际贸易流的重要决定因素，并且相对生产率是比较优势的主要来源，那么他的观点十分通用。另一方面，如果认为其观点的核心在于准确预言贸易流的方向，那么李嘉图观点的通用性并不那么强，因为在一个多产品和多国家的复杂世界里，他这种比较成本分析并不足以达到这个目的。

为了理解这些说法，考虑一个多国和多产品的世界，在这个世界中所有的产品都是最终消费品。[13]每个国家都有用劳动服务生产产品的自有技术，且为达到生产产品的目的并不需要其他投入。此外，每种产品每单位产出需要的劳动数量是固定的，与产出水平无关。跟在李嘉图的例子里一样，国家间的相对劳动要求存在差异，并且工人不能移民到其他国家。

如果知道所有国家的工资率，我们就可以利用劳动需求信息计算每个国家每种产品的生产成本，它等于该国的工资率乘以该产品每单位产出的劳动需求。接下来我们可以比较不同国家的这些单位成本。用这种方法，我们能够确定每种产品生产成本最低的国家。如果一种产品，例如布，其生产成本最低的国家正好是独一无二的，那么这个国家，假定是英国，就一定是布的唯一生产者，这意味着英国向世界上其他每个希望消费布的国家出口布。[14]并且如果最低成本生产者正好在每个产业是独一无二的，那么按照这种推理，每种产品的最低成本生产国为该产品的唯一出口者。在李嘉图的例子中，英国是布的最低成本生产者，因此出口布，而葡萄牙是酒的最低成本生产者，因此出口酒。

关于这一推理有两个问题：首先，如果一些产品的最低生产成本国超过一个，情况又会如何呢？其次，是什么决定了工资率，特别是，工资率是否与专业化模式无关？

首先考察多国具有相同最低单位成本的情况。为具体起见，假定葡萄牙和法国生产酒的单位成本相同，其他所有国家生产酒的单位成本更高。[15]我们因而能够预期，除了葡萄牙和法国以外的所有国家进口酒，葡萄牙或法国或两国都出口酒。也就是说，可能葡萄牙和法国都出口酒，可能法国出口酒而葡萄牙进口酒，或者可能法国进口酒而葡萄牙出口酒。为了确定葡萄牙和法国的贸易方向，我们需要关于酒的生产与消费的额外信息。例如，如果葡萄牙仅仅是酒的最低成本生产者，那么葡萄牙需要出口酒以支付其对它并不生产的其他产品的进口。[16]但如果葡萄牙除了酒以外还是多种产品的最低成本生产者，那么我们需要知道它生产多少酒以及消费多少酒以计算出其酒的生产与消费间的差额。如果生产超过消费，葡萄牙出口酒，但如果消费超过生产，它进口酒。显然，当存在一个以上最低成本国时，根据纯粹李嘉图思考模式对贸易流的预期结果是不确定的。这些模糊之处只能通过生产与消费方面的额外信息来帮助解决。

接下来考虑工资和专业化模式间的关系，为了简便，假定只有两个国家：英国和葡萄牙，每个国家只有 4 种产业。图 2—1 描绘了相对劳动需求。在本例中，英国在生产布方面需要的劳动比葡萄牙多 50%，在生产酒方面需要的劳动是葡萄牙的 4 倍。在两极间是另外两个部门：木制品和皮革制品。英国生产木制品需要的工人数相当于葡萄牙的 2 倍，生产皮革制品需要的工人数相当于葡萄牙的 2.5 倍。图中各部门按照英国相对劳动需求的升序排列。

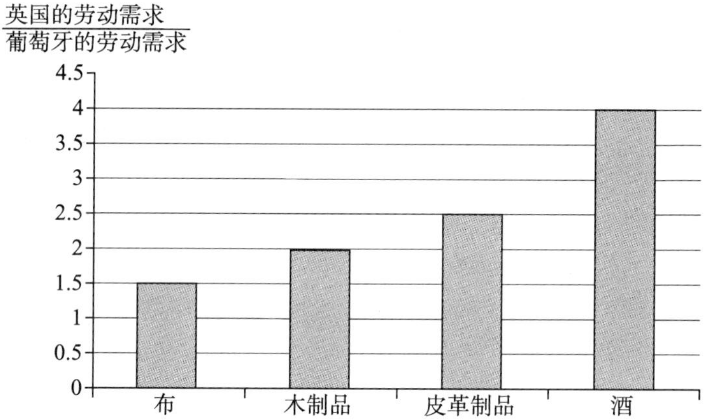

图 2—1　4 个产业的相对劳动需求

和李嘉图的例子一样，这里葡萄牙也是更高效的经济体。其工资率因而应该比英国的工资率高。具体说来，其工资率应该是英国的 1.5～4 倍，因为如果葡萄牙工资低于英国工资的 1.5 倍，那么所有产品在葡萄牙生产更便宜，而如果葡萄牙工资高于英国工资的 4 倍，那所有产品在英国生产更便宜。接下来注意，如果葡萄牙工资是英国工资的 1.5～2 倍，英国会是布的最低成本生产国，葡萄牙会是木制品、皮革制品和酒的最低成本生产国。

在此情况下，世界对布的需求会被虹吸至英国，世界对其他产品的需求会被虹吸至葡萄牙。为了满足这些需求，英国需要在布的生产中使用一定数量的劳动，而葡萄牙需要在其他产品的生产中使用一定数量的劳动。这样可能会出现制造需要数量的布所必需的劳动力少于英国劳动力总数，而制造其他产品所必需的劳动力超过葡萄牙的劳动力总数。[17]在这种情况下，葡萄牙的相对工资太低了。

通过类似的推理，我们断定，如果葡萄牙的工资提高到英国工资的 2 倍以上 2.5 倍以下，英国将是布和木制品的最低成本生产者，而葡萄牙将是皮革制品和酒的最低成本生产者。世界对布和木制品的需求因而在英国产生劳动需求，而世界对皮革制品和酒的需求在葡萄牙产生劳动需求。这样，在这个范围内可能会存在一个相对工资使得对英国劳动的需求等于其供给，以及对葡萄牙劳动的需求等于其供给，这里对一国劳动的需求是指其供应者生产商品所需要的劳动数量。如果情况不是这样，并且我们仍然发现，在这个范围内的所有相对工资水平下，英国的劳动需求少于其供给，葡萄牙的劳动需求超过其供给，那么我们可以断定葡萄牙的相对工资还应当更高。特别是，我们可以推测出，葡萄牙的工资至少应该是英国工资的 2.5 倍，但是不到英国工资的 4 倍，在这种情况下，英国将是布、木制品和皮革制品的最低成本生产者，而葡萄牙将仅仅是酒的最低成本生产者。

这个例子表明，工资决定不能独立于专业化模式；哪个国家生产哪些产品是由工资结构共同决定的，其结果取决于需求状况，正如米尔（Mill，1909）所指出的，也取决于每个国家可获得的劳动数量。

多恩布什、费希尔和萨缪尔森（Dornbusch，Fischer and Samuelson，1977）建立了一个精巧的框架来研究两国间的贸易，假定模型中的这两个国家已经具备了生产大量商品的专业技能。他们的研究阐释了，当每个国家的支出份额相同并且独立于价格与收入（也就是说，如果一个国家的人民花费收入的 1/3 购买布匹，那么其他每个国家的人民也是如此，食品、汽车和所有其他商品与此类似）时，相对工资是如何由专业化模式共同决定的。[18]为确定相对工资，我们可以先将其中一个国家的相对劳动需求按照升序排列，类似于图 2—1 中所描绘的顺序，但是包括许多种产品。这样就有可能确定，在每一个相对工资水平下，英国在较低成本下生产的产品和葡萄牙在较低成本下生产的产品。在产品种类、数量很多的情况下，可能只有极少数种类的产品能够在两个国家以相同的成本生产，这些产品可以忽略不计。这样，根据全世界对英国作为最低成本生产者所制造的产品的支出，我们能够计算出对英国劳动的需求，根据全世界对葡萄牙作为最低成本生产者所制造的产品的支出，我们能够计算出对葡萄牙劳动的需求。如果这些劳动需求等于它们的劳动供给，我们得到均衡的相对工资。或者，当英国劳动需求超过其供给时，英国工资必定相对于葡萄牙上涨以使市场出清；当英国劳动需求低于其供给时，英国工资必定相对于葡萄牙下降以使市场出清。不管哪种情况，我们都知道相对工资调整的方向。遵循这一步骤，我们可以找到使每个国家的劳动需求等于劳动供给的唯一相对工资。

从这一分析中可以明显看出，对外贸易导致专业化。每个国家专业化生产一部分产品并依赖其他国家提供本国不生产的商品和服务。尽管这种专业化形式对于应用分析而言过于极端，但它以一种鲜明的方式阐释了李嘉图的比较优势理论。而且，这里贸易导致了专业化和相互依赖。相互依赖意味着一国的事件会影响它的贸易伙伴。这些影响有时是合意的，有时不是。为了说明这一点，考虑多恩布什、费希尔和萨缪尔森式的世界：英国和葡萄牙是两个贸易伙伴国，最初有一个相对工资使得每个国家按照其比较优势专业化生产一系列产品并且所有市场都出清。从这种状况出发，假定更多的妇女加入劳动大军，导致英国劳动供给增加，这将如何影响工资和专业化模式？对葡萄牙有益还是有害？

为了理解劳动供给增加所带来的影响，首先注意，如果相对工资维持在初始水平，专业化模式将不变，因为每个国家将与此前一样仍然是同一些产品的最低成本供应者。但在此情况下，英国的劳动供给将超过需求。因而，市场平衡现在要求葡萄牙相对于英国有更高的工资。可是英国较低的相对工资使得有更多的产品在英国生产更便宜，更少的产品在葡萄牙生产更便宜。自然地，任何此前在英国生产更便宜的产品和服务现在仍然在英国生产较便宜，但是也有产品的最低成本生产国曾经是葡萄牙而现在变成了英国。这些产品的生产从葡萄牙转移至英国，因此改变了专业化模式。这种重新配置需要时间，因为曾经在被取代产业就业的葡萄牙工人需要在葡萄牙仍然具有成本优势的部门找到工作，而新的英国工人需要在新近获得的英国产业以及英国具有成本优势的其他部门找到工作。然而最终，更多的产品会在英国制造，更少的产品会在葡萄牙制造。

调整完成后（但在那以前不一定如此），葡萄牙在相对工资方面的获益提高了葡萄牙工人的生活水平。原因在于，在新的工资水平下，他们能够购买同样数量仍然在葡萄牙生产的产品，但他们也能够有条件购买更多的英国产品，包括那些从葡萄牙转移到英国生产的产品。换句话来说，葡萄牙工资的购买力提高了，同时英国工资的购买力降低了。英国工人用他的新工资可以购买同样数量最初在英国制造的产品。然而，他只能购买数量更少的最初在葡萄牙制造的商品，包括那些现在在英国生产的产品。自然，新加入劳动力大军的英国工人获得了以前没有的收入，但是以前就业的英国工人因为英国劳动力的扩张而受损。

理解葡萄牙因英国劳动力扩张而获益的另一种方法是，考察扩张如何影响两国产品的相对价格。葡萄牙工人工资率相对于英国工人工资率的上升导致葡萄牙出口价格相对于其进口价格上升，经济学家称之为贸易条件改善。[19]在此条件下葡萄牙为每单位进口支付更少的出口，这使得它的居民能获得更多的消费。出口更有价值因为它可以用来支付进口这一认识是国际经济关系综合评估的重要组成部分。注意出口是由一国“放弃”给其他国家的商品和服务组成。因此，出口本身并不可贵，其价值在于通过交换对等物来支付进口。[20]

我描述了一个国家的发展——劳动力扩张——提高了其贸易伙伴的福利的事件。而且，这一事件降低了该国原来工人的生活水平。自然，不是一国内每一次发展变化都会以同样的方式影响其贸易伙伴，也不是每一次发展都会对贸易伙伴的繁荣产生不对称影响。为了阐明后一点，将前一个例子中劳动力的扩张替换为英国工人生产率的提高。特别是，假定生产率的提高会对所有部门产生同等影响，在这个意义上，如果制造皮革制品所需要的英国劳动数量降低5%，那么制造木制品所需要的英国劳动数量也是如此。从某种程度上看，这与英国劳动供给扩张类似，因为生产率提高能被看作为实际上英国的劳动供给更多。结果是葡萄牙工人获益，因为他们工资的购买力水平提高。然而与前一个例子不同，现在英国每一有效劳动单位的工资率降低，而不是每个工人的工资降低。由于每个工人可以供给更多有效劳动单位，对福利有重大意义的不是工人每一有效单位的工资率，而是对他所拥有的全部有效单位的补偿。这样计算出来的结果显示，英国工人从生产率提高中获益，他们的工资实际上是增长的。显然，在这种情况下英国的发展对所有的工人有利，英国人和葡萄牙人也一样。这是一个生产率驱动型增长惠及增长国及其贸易伙伴的好例子。贸易伙伴的获益是通过该伙伴国贸易条件的改善传导的。

运输成本和其他贸易障碍对世界贸易流的形成也发挥着重要作用。因此，在试图解释数据的任何模型中，考虑这一点很重要。多恩布什、费希尔和萨缪尔森（1977）提出了一个简单的公式，在该公式中运输成本与生产成本成比例，并且这一比例系数适用于所有产品。[21]在这些情况下，每个国家专业化生产其比较优势最大的产品，而任何一个国家的比较优势都不够大的产品则不会进行国际交易；非贸易品在每个国家生产，仅供本地使用。自然，运输成本越高，越多的产品不会进行贸易。

有各种研究试图检验李嘉图的观点在多大程度上可以得到数据支持。其困难之处在于将李嘉图理论的实证意义运用于一个多国相互贸易的世界。伊顿和科特姆（Eaton and Kortum，2002）建立了一种最成功的方法。[22]他们考察了一个两两贸易伙伴间具有不同“融化冰山”（melting iceberg）贸易摩擦的世界，例如从英国运送货物到法国将比从葡萄牙运送货物到法国成本更高。而且，他们还假定不同产品间劳动生产率存在特定分布，这种分布具有两个参数：一个是某个国家特定的，另一个是所有国家都一样的。[23]跨国全要素生产率（简称 TFP）的差异需要用某个国家特定的那一部分来解释，这里 TFP 是对投入在生产中进行组合的效率的唯一衡量。如果不允许 TFP 存在差别，数据与模型很难拟合。共同部分是对每个国家的不同产品规定了一个类似的生产率分布，尽管这是一个主要的局限之处，但减少了需要估计的参数。一个重要的假定是，一个国家达到的生产率水平独立于另一个国家达到的生产率水平。使用这些假设以及融化冰山贸易成本，可能就能够计算出每个国家从所有潜在供应者那儿采购产品的最低成本分布。这些最低成本决定了国内价格和花费在各国产出上的国内支出份额。[24]他们将所得到的方程用来自 19 个 OECD（经济合作与发展组织）国家的样本数据进行估算，并用估算值对各种经济关系进行了定量测算。

为了深刻理解这样一种关系，考虑伊顿和科特姆对美国技术成比例提高的模拟。我们讨论在两国世界中这种提高的影响，结论是两个国家——技术上的赢家及其贸易伙伴——均获益。贸易伙伴获益的机制在于其贸易条件的改善。同样的传导途径也会作用于多国世界，除了在存在多个贸易伙伴的情况下，得自贸易条件改善的收益根据一个国家的特征及其与技术赢家的贸易障碍的不同而存在国别差异。图 2—2 显示了伊顿和科特姆的模拟结果，以美国福利收益百分比的方式描绘了该国的福利收益。显然，福利收益并不是平均分布的。作为与美国贸易障碍极少的小国，加拿大的获益超过任何其他国家，它的福利收益是美国福利收益的 87.4%（两者都是用相对于初始福利水平的比例衡量）。另一端是日本，其福利收益仅为美国的 6.6%。澳大利亚和新西兰也从美国技术提高中极大地获益，其他国家虽然获益相对较少，但仍然获得了巨大的利益。

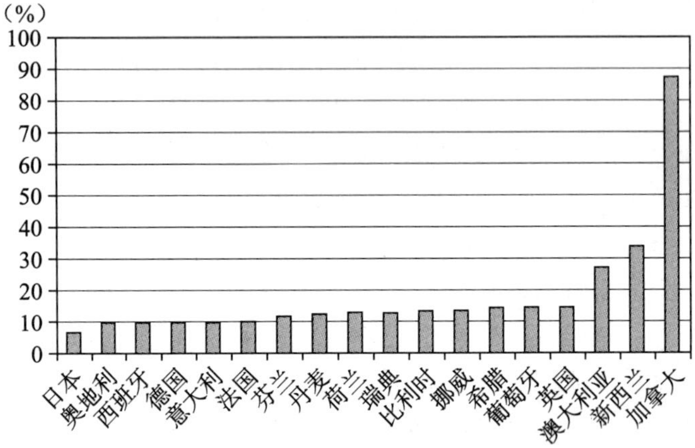

图 2—2　得自美国生产率提高的福利收益相对于美国的比例

资料来源：Eaton and Kortum (2002).

2.2　要素比例

整整一个世纪，李嘉图关于对外贸易的观点都在经济领域占据主导地位。只有在 1919 年才出现了对他学说的重大挑战。这场指责由一个名为伊莱·赫克歇尔的瑞典经济史学家主导，继之以他最杰出的学生伯蒂尔·俄林。[25]赫克歇尔和俄林提出，以构建在现代价格理论基础上的新古典表述，取代李嘉图构建在劳动价值论基础上的关于比较优势的经典表述，在前者中劳动与资本、土地等其他生产要素同等对待；而在这种方法中，要素比例占据中心地位，生产要素的相对可获得性在各国之间的差异是专业化和贸易的主要决定因素。

赫克歇尔关注外贸对收入在生产要素间分配的影响。因此，他建立了一个经济模型，其中劳动、资本和土地是基本的投入（或要素）。利用这一模型，他研究了两国间的贸易如何影响这些投入的回报。在此过程中，他得出国家间要素禀赋的差异对于贸易结构的影响。尽管赫克歇尔没有使用方程，但他的语言分析很精确。

俄林则更进了一步。按照弗洛姆和弗兰德斯（Flam and Flanders，1991，p. 13）的说法，俄林的贡献是“创造性地将赫克歇尔著名论文中的贸易理论与他学自卡斯尔的瓦尔拉斯形式（Walrasian formalization）结合起来了”。[26]的确，在他博士论文中题为《数学证明》（*Mathematical Illustration*）的第3章里，俄林清楚地写出了多生产要素和多部门条件下每个贸易国必须满足的方程。而且，他还通过考虑每单位产出的要素使用如何根据要素价格进行调整而进一步改进了赫克歇尔的研究，赫克歇尔并没有考虑到这一点。

我们可以通过重新考察一个两国多部门的世界来了解赫克歇尔-俄林关于对外贸易的基本观点，这个世界类似于我们在前面部分所讨论的那个。然而，为了将要素构成考虑进去，假定有两种基本投入——劳动和资本，而不仅仅是劳动。赫克歇尔和俄林均假定在所有国家的技术可能性都一样。这样做他们意指每个地方的每个人对每单位产出都能够选择同样的投入。不存在规模经济或规模不经济[27]，这意味着单位制造成本取决于要素价格而不是生产地点。这是对李嘉图观点的主要偏离，李嘉图认为各国的商品成本之所以存在区别是因为各国的相对劳动需求不同。相反，在赫克歇尔-俄林的世界中，如果两个国家有同样的要素价格，那么它们每一个产品也有同样的单位成本，在此情况下，没有哪个国家在任何产品上有相对成本优势。在这些环境下，贸易要产生必须满足两个条件，对此赫克歇尔已经清楚地阐述了[28]：一国与另一国在生产要素相对稀缺性方面的差异是存在比较成本差异，进而发生国际贸易的必要条件。进一步的条件是，一种商品与另一种商品的生产要素组合比例不一样。没有第2个条件，一种商品的价格相对于另一种商品的价格在所有国家都是一样的，尽管相对要素价格会存在差异（Heckscher，1919，p. 48 in Flam and Flanders，1991）。即，要素价格应该在国家间存在差异，要素密集度应该在部门间存在差异。如果要素价格不存在差异，这些国家在所有产业的成本都一样。并且如果要素价格存在差异但是所有产品都有同样的投入组合，即同样的要素密集度，那么这两个国家在所有产业都有同样的相对成本。在讨论相对要素价格（相对稀缺性）时，赫克歇尔和俄林均指贸易前的状态，这时国家处于封闭状态。他们接下来指出，贸易削弱了国家间相对要素价格的不平等，甚至可能消除要素价格方面的所有差异（当以类似单位衡量时），导致要素价格均等化。[29]但是目前只考虑两个国家，例如英国和葡萄牙，在要素价格非均等化条件下相互贸易这样一种情况。与以前一样，假定存在 4 种产业：布、木制品、皮革制品和酒。而且，假定布是资本密集度最高的产品（也就是说，该部门相对于其他 3 个部门每单位劳动使用更多资本）；木制品是资本密集度第二高的产业；酒的资本密集度最低。另外假定资本在英国更便宜，劳动在葡萄牙更便宜。这样，相对于葡萄牙，在英国制造布这一资本密集度最高的产品的相对成本低于在英国制造任何其他 3 种产品的相对成本。并且在英国制造木制品的相对成本低于在英国制造皮革制品或酒的相对成本。最后，在英国制造皮革制品的相对成本低于制造酒的相对成本。

图 2—3 中描绘了这些相对成本。哪个国家在木制品或皮革制品方面具有成本优势现在取决于图上纵轴盈亏平衡成本比率为 1 的位置，即在该成本比率，英国单位成本等于葡萄牙单位成本；如果 1 正好处于布和木制品的条柱之间，那么英国专业化生产布而葡萄牙专业化生产木制品、皮革制品和酒；如果 1 正好处于木制品和皮革制品的条柱之间，那么英国专业化生产布和木制品而葡萄牙专业化生产皮革制品和酒；如果 1 正好处于皮革制品和酒的条柱之间，那么葡萄牙专业化生产酒，而英国专业化生产其他 3 种产品。自然，1 不可能处在低于布条柱或高于酒条柱的位置，因为在这两种情形中，一国在所有产品上具有成本优势，而另一国无法从使用其劳动和资本中获利。在这些情况下，要素价格会改变，在所有产品均具有成本劣势的国家其工资率和资本租金率会降低。因此，如果该图描绘了一种均衡的结果，1 应该处在布条柱和酒条柱之间的某处。

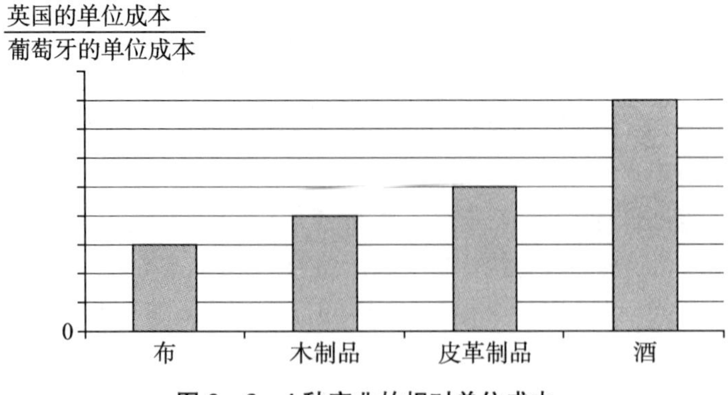

图 2—3　4 种产业的相对单位成本

该分析显示，资本成本相对较低的国家会专业化生产资本密集型产品，劳动成本相对较低的国家会专业化生产劳动密集型产品（或资本不那么密集的产品）。在比较成本链条上确切的切入点决定了确切的专业化模式，但是专业化模式的定性特征独立于该切点的位置，类似于李嘉图贸易模型。实际上，多恩布什、费希尔和萨缪尔森（1980）分析了多产品和固定支出份额的赫克歇尔-俄林模型，阐释了比较成本链条上的切入点是如何在一般均衡中确定的。重要的是，该切点是与两国的相对要素回报同时决定的。

这回避了一个问题，即哪一个国家的资本成本最低。在无贸易障碍的情况下，国际商业活动使国家间商品价格相等。因此，实际情况应该是资本禀赋相对于劳动禀赋更大的国家资本租金率更低，工资率更高，除非要素价格均等化。将这一观察与先前的观点相联系就可以推测出，作为资本劳动比高于葡萄牙的国家，英国的资本租金率更低，工资率更高。因而可以预期，资本相对丰裕的国家将出口资本密集型产品，而劳动相对丰裕的国家将出口劳动密集型产品，这被称之为赫克歇尔-俄林定理。俄林关于这一结果的论述清楚得不能再清楚了："简而言之，包含大量特别稀缺要素的商品会进口，而密集使用相对丰裕要素的商品会出口"（Ohlin，1924，p. 90 in Flam and Flanders，1991）。[30]

我的讨论是集中在贸易环境下商品和要素的定价上，而赫克歇尔和俄林均将他们的分析集中于自给自足的情况下，也就是国家不参与对外贸易的情况下，商品与要素的定价。特别是，他们提到，具有相对较低自给自足资本成本的国家将出口资本密集型产品，具有相对较低自给自足劳动成本的国家将出口劳动密集型产品。尽管这两类预测——一个立足于贸易前要素价格，另一个基于贸易后要素价格——并不总是统一的，但文献中已经阐明它们在更广泛的情况下是一致的。[31]

我已经讨论了要素价格存在跨国差异并且这些差异导致相对成本有高有低这种假定下的贸易结构。然而，赫克歇尔和俄林均指出，受对外贸易的影响，要素价格呈现出趋同趋势。以萨缪尔森（1948）的工作为开端，后来的研究者正式研究了这种趋势。他们的主要发现是，当贸易伙伴间要素组成的差异不是特别大的时候，畅通无阻的国际贸易会使要素价格趋于均等，这被称之为要素价格均等化定理。而且，如果所有国家有同一的位似偏好，即，他们对各种产品的支出份额仅仅取决于价格（当国家间相互贸易时价格是相同的）而不是收入，那么平均说来每个国家将出口密集使用该国供给充裕的要素进行生产的产品，进口密集使用该国稀缺要素进行生产的产品。[32]

要素价格均等化在国际贸易新古典理论的发展中扮演着重要角色。是的，每个国家的要素价格都不一样，有些要素价格还存在巨大差异，例如工资。因此，该模型显然不能充分描述现实的所有方面。然而，更重要的问题在于，该模型是否有理有据地较好描述了世界贸易结构。[33]

为了得出一个判断，首先考虑利墨（Leamer，1984）的研究，他的研究考察了该模型的一个值得注意的隐含意义。他从以下观察开始：无论何时所有国家都能够接触同样的技术并且制造者无论在何地都面临同样的要素价格，那么在给定产业中，每单位产出所使用的投入组合在每个国家都一样。在此情况下，每个国家的部门产出水平都是其要素禀赋的同样的线性函数，假如确保该国生产要素充分使用的产出水平唯一确定的话。[34]也就是说，一国产出水平由其生产要素决定，并且生产要素对特定部门（例如皮革制品）产出的边际影响在每个国家都一样。后者意味着，如果英国增加一单位劳动会使得英国皮革制品的产出增加 5 单位，那么葡萄牙增加一单位劳动也会使得葡萄牙皮革制品的产出增加 5 单位。接下来利墨将这一具体要求与所有国家的支出份额相似这一假设（即，如果一个国家将其收入的 10%用于购买食品，那么其他每个国家都是这样）相结合，得出每个部门的净出口（出口与进口间的差额）是该国要素禀赋的线性方程。[35]净出口方程的这个突出特征使得其系数很容易估计。表 2—1 中列出了一些估计出的边际影响。[36]

表 2—1　　资本，矿产品和石油对净出口的边际影响（1975 年）

	资本	矿产品	石油
汽油	—18.4	—0.4	0.6
原材料	—8.9	0.86	0.04
林产品	—1.7	0.53	0.08
热带农产品	—2.9	0.44	0.05
动物产品	—0.5	0.28	0.05
谷物	—4.5	0.97	0.24
劳动密集型制成品	1.9	—0.09	—0.07

续表

	资本	矿产品	石油
资本密集型制成品	17.9	−0.46	−0.17
机械制品	29.1	−1.1	−0.27
化学制品	4.1	−0.15	−0.04

资料来源：Leamer（1984，table 6.1）.

该表显示，资本对于所有 4 个制造产业的净出口具有促进作用，包括劳动密集型制造业、资本密集型制造业、机械和化学制品。同时，资本对于其余部门的净出口具有不利影响，包括汽油、原材料、林产品、热带农产品和谷物。[37]矿产品在除汽油以外的所有部门以反方向影响净出口。这意味着，资本存量更高的国家净出口更多的制成品，更少的汽油、原材料和农产品，而矿产品存量更多的国家则出口更多的原材料和农产品，更少的汽油和制成品。该表还显示，石油存量更高的国家出口更少的制成品，更多的原材料与农产品，正如矿产品存量更多的国家所做的那样。只是石油更多的国家净出口更多的汽油，而矿产品更多的国家出口更少的汽油。[38]

正如已经解释过的，净出口方程之所以是线性的，是因为它是由线性产出方程和共同支出份额这两部分结合而成的。这两个假设没有哪一个正确地描述了现实。尽管消费模式在许多国家类似，但在穷国与富国之间存在巨大差异。例如，1975 年，奥地利和瑞士这两个富国，其收入有约 20%花在食品上。在同一年，印度和菲律宾这两个穷得多的国家，其收入有一半以上花在食品上（参见 Leamer，1984，table 1.6）。这些数字展示了一个众所周知的现象：食品的预算份额随收入而下降，即富人在食品上的支出比例低于穷人。当人均收入的差异导致预算份额在国家间不同时，消费偏好也会成为贸易流的一个独立影响因素。为了说明为什么如此，注意当穷国与富国进行贸易时，穷国有不成比例的对食品的巨大需求，这导致其贸易与要素禀赋无关而偏向食品进口。类似的观点也适用于其他预算份额取决于收入的产品。亨特（Hunter，1991）研究了这类偏好对于贸易的影响，并且发现它们能解释很大一部分贸易量。[39]

尽管利墨对线性净出口方程的推导要求产出函数是线性的，但赫克歇尔-俄林定理并不受此限制。然而，线性的产出方程非常普遍。[40]要素禀赋对产出水平的边际影响经常被称为罗伯津斯基系数（Rybczynski coefficients)，以纪念这位在两部门和两生产要素的简单情况下最先指出上述关系的英国经济学家（参见 Rybczynski，1955）。假定这两种生产要素是资本和劳动，那么罗伯津斯基定理认为，在每个产业的资本劳动比保持不变的情况下，资本禀赋的增长将不成比例地提高资本密集型部门的产出和减少劳动密集型部门的产出。[41]类似地，劳动力的扩张将不成比例地提高劳动密集型部门的产出和收缩资本密集型部门的产出。换句话来说，一个国家的产出构成会偏向密集使用该国相对更加丰裕的生产要素的部门。当贸易伙伴间支出模式相同时，这意味着贸易是由产出构成方面的不同所驱动，因此是由相对要素禀赋方面的差异所驱动，正如赫克歇尔-俄林定理所认为的那样。[42]

琼斯和施可曼（Jones and Scheinkman，1977）将罗伯津斯基的观点扩展至了多部门和多生产要素情形。其主要的结论是，在每个部门生产技术不变（也就是每单位产出的生产要素组合不变）的情况下，一种要素禀赋的增长会导致某些部门不成比例的扩张和另一些部门的收缩。与简单的两部门、两要素情景不同，一般情况下我们不存在根据要素密集度进行部门排序的良好方式，因此没有清楚的生产要素部门从属关系能使我们做出这样的判断，即一个部门是资本密集度最高的，另一个是非熟练劳动密集度最高的，而第三个是耕地密集度最高的。但是每一种要素都会是某个部门的“同胞”，当这种要素增长时该部门的产出扩张，同时每一种要素也都会是某个其他部门的“敌人”，当该要素增长时该部门被迫收缩。这一点的实证意义是，罗伯津斯基系数的估计应该具有以下性质：每种生产要素应该对某些产出水平具有正效应，而对另一些产出水平具有负效应，类似于表2—1中生产要素对贸易流的影响。实证研究确实发现了这一点，例如菲茨杰拉德和哈拉克（Fitzgerald and Hallak，2004）估计了资本、熟练劳动、非熟练劳动和耕地的罗伯津斯基系数。他们发现资本是木制品行业的同胞，是纺织业的敌人，而耕地是有色金属行业的同胞，是电动机械行业的敌人（参见他们文献中的表4）。[43]

尽管上面描述的研究揭示了国际专业化和贸易的有趣模式，但是并没有直接检验赫克歇尔-俄林定理。根据该定理，一国应该出口密集使用该国相对丰裕的生产要素所生产的产品，进口密集使用该国相对稀缺的生产要素所生产的产品。显然，要检验这一结论，应该研究要素禀赋对贸易流的影响，解释进口和出口部门的要素密集度，但是最后这个要素在上面提到的研究中漏掉了。

关于要素禀赋、要素密集度和贸易模式三者之间关系的直接检验很难得到，因此设计出了一种间接使用三者之间关键关系的替代方法——要素含量法。不同于直接考察出口和进口产品，这种源自俄林论文的方法考察了包含在贸易产品中的隐含的要素服务进出口。俄林说："每个地区终究会生产那些其自己生产比在其他地区生产成本更低的产品，也就是说，那些密集使用其低价生产要素的产品。此外，这些商品所需要的大量相对稀缺要素将会从那些要素不那么稀缺的地区进口。因此间接地来看其实是，丰裕生产要素出口，稀缺生产要素进口（Ohlin，1924，p. 91 in Flam and Flanders，1991）。"

这段话的关键在最后一句，俄林认为产品的国际贸易是一种间接的生产要素贸易，或者更确切地说，生产要素服务。当生产要素不能跨国界移动而商品可以移动时，商品贸易使得国家间能够间接交换生产要素服务，即每个国家进口其稀缺要素服务，出口其丰裕要素服务。

投入产出表的开发者瓦西里·里昂惕夫（Wassily Leontief），率先指出了所谓的国际贸易流"要素含量"观点在实证分析方面的可能性。在1953年向美国哲学学会（American Philosophical Society）宣读的一篇论文中，他考察了美国1947年贸易流的劳动含量与资本含量（参见Leontief，1953）。里昂惕夫使用他的投入产出表计算出，价值100万美元的美国出口中，直接和间接体现了价值2 550 780美元的资本服务和182.3人年的劳动服务。换句话说，美国出口中的资本劳动比接近于14 000美元资本/人年。在同一年，根据美国的投入产出表可以算出，美国100万美元的进口直接和间接体现了价值3 091 339美元的资本服务和170人年的劳动服务。因而体现在美国进口中的资本劳动比略微超过18 000美元资本/人年，显著超过美国出口的资本劳动比。这些结果可以看作是违反了要素比例贸易理论的预测，因为美国在第二次世界大战刚结束后的一段时期内有最高的资本劳动比，因此应该出口资本密集型产品，进口劳动密集型产品，但是里昂惕夫的计算显示出相反的结果。这被称之为里昂惕夫之谜。

在讨论里昂惕夫之谜以前，有必要更好地理解国际贸易流量的要素含量观点，瓦尼克（Vanek，1968）以最明确的方式对这一观点进行了表述。瓦尼克假想了一个多国和多生产要素的世界。在这个世界里，所有的国家都能够获得同样的规模收益不变技术，即，使用这种技术，所有投入要素的一定比例的增加会使得产出以同等比例增长，并且所有国家在面对同样的相对价格时会选择同样的消费组成，即，所有国家有同样的位似偏好。国家间的贸易不存在障碍，并且要素价格因此而实现均等化。[44]因而，每单位产出所使用的要素投入在每一个国家都一样。这意味着美国生产一单位布使用的投入组合与英国、葡萄牙、法国或其他任何国家生产一单位布使用的投入组合一样。这些投入要求在部门间存在差异，然而在特定行业不存在跨国差异。在这些情况下，每个国家有同样的投入产出表。

自然，关于同一投入产出表和要素价格均等化的假设与数据是相冲突的。不仅工资和资本租金率存在跨国差异，OECD 国家的投入产出表也不同，尽管这些国家的发展水平类似（参见 Trefler，1993 和 Hakura，2001）。发达国家和发展中国家的投入产出表的差异会更大。然而，瓦尼克体系的用处在于，该体系有着能用可获得的数据集进行检验的清楚含义。特别是，该体系独到地预测了贸易流的要素含量。[45]这就是原因。

既然每个国家使用同样的投入以生产给定产品，我们可以使用投入产出表的共同系数来计算一国进口和出口的要素含量。仔细考虑诸如小麦和布，其生产所使用的土地和资本。通过将每单位小麦所使用的土地与小麦出口量相乘，再加上每单位布所使用土地与布出口量的乘积，我们可以计算出包含在美国出口中的土地服务总量。类似地，通过将每单位小麦所使用的资本与小麦出口量相乘，再加上每单位布所使用资本与布出口量的乘积，我们可以计算出包含在美国出口中的资本服务总量。更一般地，通过加总所有部门每单位产出所使用的土地与出口水平的乘积，我们可以计算出美国出口中所使用的土地总量，通过加总所有部门每单位产出所使用的资本与出口水平的乘积，我们还可以计算出美国出口中所使用的资本总量。类似的计算可以用于每种生产要素，从而估算在该经济体的出口中所使用的该生产要素的总量。遵循类似的步骤，我们也能计算美国进口的要素含量。出口要素含量与进口要素含量的差就形成了对美国净出口要素含量的一个估计。如果一种特定投入，假定人力资本，其差为正，那么这意味着美国净出口该投入服务。而如果一种特定投入其差为负，这意味着美国净进口该投入服务。这些计算代表了包含在所有产品进口和出口中的要素服务净流量。

关于贸易流与技术的信息包含在净出口要素含量的计算中，包括部门要素密集度。瓦尼克的杰出贡献是，他揭示了在该模型的假设条件下，净出口要素含量必须等于国家要素禀赋与其在世界要素禀赋中所占相应份额二者的差额。例如对美国而言，这意味着，如果美国的支出等于世界总支出的25%，那么其净出口中的耕地含量应该等于美国耕地禀赋减去世界耕地禀赋的1/4；其净出口中的非熟练劳动含量应该等于美国非熟练劳动禀赋减去世界非熟练劳动禀赋的1/4；诸如此类。并且每个国家的每种要素禀赋都应该满足这种值得注意的关系。

瓦尼克方程背后的逻辑如下：产品净出口等于国内生产减去国内消费。[46]因此，净出口的要素含量应该等于国内生产的要素含量减去国内消费的要素含量。在充分就业的经济中，国内生产的要素含量等于该经济体的要素禀赋。因此，净出口的要素含量等于国内要素禀赋减去国内消费的要素含量。现在，由于位似偏好，所有国家有同样的消费组合。因此，给定所有国家每单位产出使用的要素相同，体现在一国消费中的投入组合在每个地方都相同，并且仅有的差异来自消费规模。一些国家的支出比其他国家多，因此其消费中按比例包含的投入更多。在这些情况下，体现在世界消费中的生产要素总额等于世界生产要素禀赋，因而每个国家消费的要素含量是世界生产要素禀赋的一部分，并且该部分的大小等于世界总支出中这个国家的份额。因此就有了瓦尼克方程。

瓦尼克方程将要素比例理论的所有3个元素——要素禀赋、要素密集度和贸易流联系在一起。因此，等式提供了检验该理论的便利框架。利墨(1980)使用这些等式重新考察了里昂惕夫的数据。他指出，在贸易平衡或接近平衡的情况下，一些投入的净出口要素含量应该为正，而另一些投入的净出口要素含量应该为负。换句话来说，一些生产要素服务应该净出口，而另一些服务应该净进口。在假设仅有劳动和资本这两种投入的世界里，这意味着如果劳动服务净出口，那么资本服务则净进口；而如果劳动服务净进口，那么资本服务净出口。在前一种情况下，体现在出口中的资本劳动比小于体现在进口中的资本劳动比，而在后一种情况下正好相反。如果只有劳动和资本这两种生产要素的话，那么里昂惕夫的计算就否定了美国在1947年是资本丰裕国家的假设。自然，劳动与资本并不是仅有的两种生产要素。除了不同类型的土地和自然资源，还有熟练和非熟练等不同类型的劳动，以及机器和建筑物等不同类型的资本。因此资本或劳动这两种投入中的一种净出口，并不必然意味着另一种净进口。实际上，在里昂惕夫的数据中，美国净出口价值超过230亿美元的资本，同时净出口近20亿人年的劳动。也就是说，美国不仅出口资本服务还出口劳动服务。在资本和劳动净出口情况下，如果美国净资本出口相对于其净劳动出口的比例超过体现在其消费中的资本劳动比，那么即使其进口的资本劳动比超过其出口的资本劳动比，美国也应该是资本丰裕的国家。利墨计算出，净资本出口与净劳动出口的比率接近 1.2 万美元/人年，而消费中的资本劳动比接近 7 000美元/人年，这样的话上述条件就满足了。因此，在里昂惕夫的发现中不存在悖论，在 1947 年美国可以既是资本丰裕国家，同时其进口的资本劳动比又超过出口的资本劳动比。[47]

利墨的分析指出了理论是如何用来解释证据的，但是它并没有提供对要素比例理论的检验。在理论正确这一保留的假设下，他推导了使里昂惕夫的证据符合美国 1947 年是资本丰裕国家这一观点的条件。然而，为了检验理论，有必要将瓦尼克衡量要素丰裕的方法（即一国要素禀赋与其在世界要素禀赋中所占相应份额二者之间的差额）与净出口要素含量的变动匹配起来。为此，我们需要一个足够大的有关国家的贸易流和禀赋的样本数据。鲍恩、利墨和斯维克斯卡斯（Bowen，Leamer and Sveikauskas，1987）率先进行了这种类型的检验。他们用 12 种要素和 27 个国家以及美国的投入产出表作为共同的技术矩阵，计算了 1967 年的净出口要素含量和要素丰裕程度。他们发现，净出口要素含量与要素丰裕程度间匹配情况不佳。粗略检验，也就是考察要素含量与要素丰裕程度二者符号的匹配程度（即当要素丰裕程度为正（负）时，是否要素含量也是正（负）的，或者两者排序类似），其检验结果也不太好，有大约 1/3 的情况与符号检验不符，有大约一半的情况与排序检验不符。换句话来说，瓦尼克等式不能够很好地说明这些数据。

柴夫勒（Trefler，1995）用 1983 年 33 个国家和 9 种投入要素的数据集重复了鲍恩、利墨和斯维克斯卡斯的分析，得出了类似的结论。但是，他找出了要素含量与要素丰裕程度不匹配的来源。首先，要素含量衡量相较于要素丰裕衡量在绝对值上系统性过低。这意味着根据要素禀赋差异预测的贸易显著超过观测到的要素服务贸易，这种现象被称为“消失的贸易”(missing trade)。其次，要素丰裕衡量预测高过净出口要素含量的情况对穷国而言比富国要多。因此表明，相对于富国，穷国没有出口足够的要素含量，而是进口了过多的要素含量。最后，穷国似乎比富国在更多的投入上要丰裕。这些发现意味着，与理论模型的假设相反，国家间的生产率水平可能存在差异。如果发展中国家的生产率低于发达国家，那么对要素禀赋的标准衡量高估了其投入相对于富国的有效数量，这解释了数据的第 2 和第 3 点特征。换句话来说，所有国家都能获得同样的技术这一假定过强。实际上，很多证据显示国家间全要素生产率（TFP）存在显著差异（参见 Dollar and Wolff，1993 和 Helpman，2004），甚至在 7 个最富的经济体间（这些经济体的发展水平彼此接近），TFP 也存在显著差异（参见 Helpman，2004）。

为了考察生产率差异的解释力，柴夫勒（1995）提出了瓦尼克方程的两个修正版本。在一个版本中他允许国家间存在希克斯中性全要素生产率（Hicks-neutral TFP）差异，即允许国家在配置投入的效率方面存在比例差异。这意味着，如果因为美国能够使用这些投入生产出比意大利多 20%的产出，而说美国在使用某种特定投入组合方面的效率比意大利高 20%，那么美国在使用所有其他可能的投入组合方面的效率也比意大利高 20%。在第 2 种版本中，他将国家分为两个集团：由高人均收入的一组国家组成的北方，以及由较穷的国家组成的南方。富国被假定与美国共享同样的技术。较穷的国家也共享相同的技术，只是这些技术在要素方面不同于美国技术，在南方每种生产要素的生产率不同程度地低于北方。这意味着，如果一个来自南方国家的高中毕业生劳动 2 个小时对生产的贡献等同于一个来自美国的高中毕业生劳动 1 个小时的贡献，那么这个 2：1 的比率同样适用于所有来自其他南方国家的高中毕业生。此外，大学毕业生的这一比率可以有所不同。例如，可能会出现一个来自南方国家的大学毕业生劳动 3 个小时对生产的贡献等同于一个美国大学毕业生劳动 1 个小时的贡献这种情况。现在，要素价格均等化仍然有效，但仅适用于每种投入的有效单位。在高中毕业生的例子里，有效单位的要素价格均等化意味着，一个高中毕业生在南方挣的工资只有在北方的一半。[48]

柴夫勒通过估计该模型的这两种版本发现，技术差异的希克斯中性版本表现更好。适当地做出这种修正后，要素含量和要素丰裕衡量间不匹配的情况少了很多，但仍然严重。换句话来说，技术差异有助于解释数据，但不足以消除“消失的贸易”。

在本研究过程中可以清楚地看出，包含在理论模型中的假设对于数据分析来说过强。柴夫勒（1995）认为，最低限度应该允许国家间全要素生产率存在比例差异，而哈库拉（Hakura，2001）认为，使用单个国家的投入产出表来计算出口（不是净出口）的要素含量能显著提高与数据的匹配程度。

各国在每单位产出所使用要素方面的差异有两个来源：技术不同和要素价格不同。两者可能都重要。的确，要素价格差异可能使净出口要素含量偏向零，正如柴夫勒在数据中所发现的那样。为了说明原因，考虑劳动和资本，并假定相对于在其他国家，在美国资本更便宜，劳动更昂贵。接下来，使用美国的投入产出表计算出的美国出口要素含量提供了对美国的正确衡量，但是使用美国的投入产出表计算出的美国进口要素含量是有偏离的。因为要素价格差异的存在，相对于美国，其他国家每单位产出使用了较少资本和更多劳动。通过美国投入产出表估计出的美国净出口要素含量因而低估了净出口中的资本含量，高估了净出口中的劳动含量。在此情况下，相比其要素丰裕程度，美国看似出口了过少的资本，进口了过少的劳动。戴维斯和温斯坦（Davis and Weinstein，2001）发现，用各国之间劳动和资本可获得性差异的影响来修正要素含量显著提高了要素含量与要素丰裕程度之间的匹配性。而且，考虑到中间投入品以及非贸易品的存在也提高了其匹配性。总而言之，如果将希克斯中性技术差异、要素禀赋对要素价格进而对投入产出系数的影响、中间产品和非贸易品都考虑进去，那就可以很好地解释数据。[49]

在本章中我们已经看到贸易流量如何取决于生产率和国家间要素禀赋的差异。贸易流量的其他决定因素将在接下来的章节中考察。然而，在转到这些问题以前，我将先在下一章中讨论国际贸易对分配的影响——谁获益以及谁受损。

第3章　获益者和受损者

斯密和李嘉图相信专业化和贸易会使一项交易的所有参与方获益。特别是，李嘉图还将这种观点扩展至国家，声称贸易限制是有害的。他积极参与了关于《谷物法》（Corn Laws）的争论，该法是1815年在土地贵族推动下英国议会通过的一项主要贸易保护主义法规，比李嘉图的巨著《政治经济学及赋税原理》出版早两年。[50]实际上李嘉图提出比较优势理论的目的就在于说明自由贸易的收益。

回想一下李嘉图关于布与酒贸易的例子：英国生产一定数量的布需要100人年的劳动，而葡萄牙生产同样数量的布仅需要90人年的劳动；英国生产一定数量的酒需要120人年，而葡萄牙仅需要80人年来生产同样数量的酒。

为简洁起见，让我们选择适当的衡量单位，以使得在本例中布的生产总量是 100 而酒是 120。既然每单位产出所使用的劳动在两种商品的生产中是不变的，这意味着一个英国工人一年能生产一单位的布或一单位的酒，而一个葡萄牙工人一年能生产 10/9 单位的布或 1.5 单位的酒。因此，英国通过将一个工人从布的生产转移到酒的生产一年，可以将一单位的布转换为一单位的酒，而葡萄牙通过将一个工人从布的生产转移到酒的生产 9/10 年，可以将一单位的布转换为 1.35 单位的酒。这些情况下，如果两国不进行贸易，在英国布的价格与酒的价格一样，在葡萄牙布的价格比酒的价格高 35%。当两国相互进行贸易时，布的价格至少与酒的价格一样高但不会高出 35%。

为了说明，假定当两国进行贸易时布的价格比酒的价格高 20%。贸易获益背后的缘由现在可以描述如下：当英国不进行贸易时，它生产一定数量的布和酒，酒与布一样贵。通过贸易开放，英国能够专业化生产布并且其所有的酒都从葡萄牙购买。特别是，假定英国保留它在自给自足状态下通常消费的所有布，并将剩余的产出出售给葡萄牙。既然在与葡萄牙的交易中布比酒贵 20%，那英国可以从葡萄牙获得 1.2 倍于本国工人在自给自足状态下生产的酒。这时，英国享有自给自足状态下同等数量的布，且能够喝更多的酒。而且，通过向葡萄牙出售比上面建议中略少一点的布，英国人能有更多的酒和更多的布。换句话来说，与葡萄牙的贸易使超过自给自足消费水平的消费可能性变得可实现。消费可能性在自给自足消费篮子附近的扩张是贸易获益的关键，并且这一点可以推广至有着复杂得多的生产结构的经济体。类似的结论也适用于葡萄牙，通过专业化生产酒，葡萄牙能够实现的消费可能性与自给自足消费水平下相比，布更多且酒更多。更一般地，当国家按照比较优势进行专业化生产时，贸易能产生更好的消费可能性。

为了使结论更为完整，有必要说明更好的消费可能性使得贸易有利可图这一点。换句话来说，如果一个国家利用了自己的能产生更高福利水平的消费机会，该国的福利不可能更低。可能有些人会认为这部分的论证微不足道，因为他们无法想象好机会会被错失掉，但这实际上并不是那么显而易见。首先，该论证要求清楚地阐明我们所谓的国家福利到底是什么。其次，一些深刻的经济见解需要被证明，即使在最简单的情况下。原因是，生产性资源、收入水平和消费机会的配置均由市场力量支配。因此，问题不仅在于偏好的结果是否可行，还在于它们是否能通过市场力量实现（参见第4章）。

在本章的余下部分，我会更详细地讨论这些问题，强调获益者和受损者之间的分配性冲突。然而在分析这些冲突前，我先解释不考虑分配情况下有关经济体贸易获益的一般结果。

3.1　无分配性冲突

考虑一个在自给自足状态下运行的国家，在这个国家里，每种产品的国内消费均等于国内生产。产出水平是生产性资源配置到各种活动以及根据该国技术诀窍对其进行使用的结果。这里，我们对于产品、偏好、投入或技术的属性没有施加任何限制。

接下来假定出现了与其他国家贸易的机会。第一个问题是，该机会是否在自给自足消费水平附近扩展了消费可能性。为此，设想有一个中央集权控制着该国经济，这个中央集权具有关于生产性机会和个体偏好的全部信息。接下来，该集权可以选择不与其他国家进行贸易，并且给每个人配置自给自足状态下该个体获得的消费篮子和工作职责。显然，在这些情境中，每个人在新状态下与在自给自足状态下的境况一样好。[51]换句话来说，贸易机会中包含了自给自足结果。

从这一出发点开始，中央集权能探讨两种选择。首先，它能在考察与其他国家交换商品的机会时冻结自给自足状态下的就业和产出水平。通过向外国人销售特定产品以换取其他产品，该国使得经济中的所有个体境况更好，在此意义上，该国因而可能会找到有利可图的贸易。作为说明，假设该经济中的所有个体都消费通心粉和奶酪，并且能够与外国用一磅通心粉换一磅奶酪。那么，通过减少一磅通心粉的消费和增加一磅奶酪的消费，中央集权可能会发现使所有个体境况更好的做法。并且，如果这行不通，那么可以考虑反方向贸易，也就是，减少一磅奶酪的消费和增加一磅通心粉的消费。很有可能这些贸易中的一种将被证明为有利可图。自然，还可以考虑更复杂的交换以试图发现一种使所有人境况更好的方法。

其次，中央集权通过将资源从一些产品的生产转移到另一些产品的生产，能够削减前一些产品的生产并增加后一些产品的生产。为了说明这一点，再想想通心粉和奶酪。中央集权能将一部分用于通心粉生产的要素指定用于生产奶酪。为简洁起见，假定通过减少两磅通心粉的产出，中央集权能够增加一磅奶酪的产出。自然，如果能够与外国人按照一磅换一磅的比例用奶酪交换通心粉，这种资源配置并不是一笔好买卖。但是，在此情况下，相反的配置是一笔好买卖。也就是，将资源从奶酪的生产转移到通心粉的生产。这样的话，中央集权能放弃一磅奶酪并获得两磅通心粉。[52]然后它能够向外国人出售两磅通心粉以交换两磅奶酪。它因而能够获得自给自足状态下同样数量的所有产品，除了已得到的奶酪外还可获得额外一磅奶酪。这额外的一磅奶酪接下来能被分配给所有个体使他们都获益。而且，从论证中可以清楚地看出，中央集权不仅能确保更多的奶酪消费，还能够通过用一些额外的奶酪换取其他产品来确保更多的其他产品消费。在此情况下，更大数量的产品能被分配给个体，从而使每个人都比在自给自足状态下境况更好。

这阐释了在国家参与国际贸易的情况下如何能够有更多的商品被制造出来以供消费，以及这些商品如何能被用来提高每个人的福利。[53]重要的问题是：福利改善结果的可获得性是否能确保这样一种结果在资源配置由市场机制支配的市场经济中实现？并且是否能在有或者没有诸如税收和补贴等以市场为中介的政府政策的情况下实现？因为我们毕竟对市场经济感兴趣，市场经济代表着占主导的经济活动组织模式。回答是，在某些情况下的确如此。

假定个体完全相同的新古典经济提供了有用的基准。在这种类型的经济中，技术具有递减的投入边际生产率，即，一种投入的可用数量越多，最后一单位投入对产出的贡献越少；产权界定明确，不存在外部性，即，没有企业或个人因另一个企业或个人的活动直接获益或受损；产品和要素市场存在竞争，即，所有的企业和个人是价格接受者，在此意义上他们将价格决定视为独立于他们自己的活动。这种经济具有竞争性均衡，并且根据福利经济学的第一定理，这种均衡是帕累托有效的。后者意味着，不存在一种通过改变资源配置以使每个人境况更好的可行方式（参见 Arrow and Hahn，1971）。在这种类型的经济中，每个人的境况同样好，因为他们有同样的偏好和拥有同样的生产性资源组合。[54]

现在假想每个国家均具有这些特征。特别是，每个国家由劳动供给相同、偏好相同和资产拥有状况相同的个体组成，然而个体可能存在国别差异。那么福利经济学第一定理意味着，每个人在贸易均衡条件下至少与在自给自足状态下一样好。[55]原因在于，当一个国家选择参与国际贸易时，它利用了按照现行国际价格交换产品的机会。在通心粉和奶酪的例子里，这些价格使得一磅通心粉能换一磅奶酪。更一般地，贸易使得一个国家能够将一组商品集转换为另一组商品集，类似于一种生产过程。这样，通过利用通心粉和奶酪的上述价格该国能将一磅通心粉换成一磅奶酪，反之亦然。这类似于一种生产过程，在此过程中通心粉是一种投入，而奶酪是一种产出，或者奶酪是一种投入而通心粉是一种产出。因此，我们能将国际贸易视为生产可能性的扩张，这时国际价格决定了各种商品转换为其他商品的比率。[56]以这种方式看，国际贸易不可能降低福利，原因是当一国进行贸易时，在商品之间通过贸易形成的转换率不变的假设下，其竞争性均衡是帕累托有效的，因为在给定转换率（价格）时，总是可以通过不贸易而达到自给自足情况下的福利水平。[57]因此贸易均衡中的福利水平至少与自给自足状态下一样高。而且，通过利用对外贸易，中央集权可以使每种商品可得的数量更多，这意味着，实际上个体在贸易均衡中的境况严格得到改善，这在给定国际价格情况下是帕累托有效的。

无政府干预下每个人都从贸易中获益的结论严重依赖于所有个体类似这一假设。正如我们将看到的，当个体相互间存在差异时，贸易可能对一些人有害。然而即使在此情况下政府也能通过多种途径确保所有人从贸易中获益。

3.2　两个案例

要获得自给自足状态下的数据几乎不可能，这使得难以估计得自贸易的利益。因此，经济学家转而关注各种贸易政策的福利效应，这些贸易政策的限制程度各不相同，但是没有哪一种接近于完全消除贸易流。可是，从这些贸易限制估算的福利损失不能被用来可靠推测完全与国际市场隔绝的结果。然而，有两个历史事件提供了从贸易到自给自足和从自给自足到贸易的良好近似，分别是：美国 1807—1809 年的贸易禁运和日本 1859 年的开放。在这两种情况下，良好的数据都足以估计自给自足的福利成本或得自贸易的利益。

3.2.1 美国

拿破仑战争期间英国有一段时间在海上骚扰美国船只，这是英国为封锁大陆和阻止中立国对法国运输所做的努力的一部分，此后，杰斐逊总统说服国会对美国贸易实施禁运。欧文（Irwin，2005，p. 632）指出，“英国海军在美国东海岸巡逻，并且定期拦截美国船只，对其进行搜查和查封，没收船只、货物和其他财产，甚至强征逃避兵役的船员（声称为英国的臣民）入伍。”禁运的目的在于惩罚英国并迫使其改变海军政策。禁运于 1807 年 12 月开始，但并没有达到该目的，14 个月后，即 1809 年 3 月被废止。

历史证明，禁运在阻止贸易流方面十分有效，尽管并没有将贸易减少至零。例如，美国运输至英国港口的吨数降低了 80%，美国国内商品出口从 1807 年的 4 870 万美元降低至 1808 年的 940 万美元，美国国内消费进口从 1807 年的 8 510 万美元降低至 1808 年的 4 510 万美元（参见 Irwin，2005）。

美国商品出口集中在原棉、面粉、烟草和稻米，而其进口要分散得多。这 4 种主要可出口品的国内出口加权平均价格在不到一年的时间里降低了 27%，而可进口品的价格指数在禁运即将结束时增长超过 30%。显然，禁运极大地恶化了美国的贸易条件。

欧文（2005）在理论估计的基础上计算了该贸易限制的福利损失，结果发现其主要部分——以禁运后价格计算的净进口额，合计为 4 690 万美元。如果考虑到另外的福利部分，该数据将下调到 3 310 万美元，相当于 4.9%的国民生产总值。这是欧文的中间估算数。[58] 由于禁运是不完全的，国民生产总值的 4.9%是得自贸易的利益的下限。这表明杰斐逊的政策对美国经济而言代价极其高昂。考虑到禁运的高成本且未能有效改变英国的政策，我们毫不奇怪禁运在不久后就被废止了。

3.2.2 日本

1639 年日本德川幕府的统治者采取了接近自给自足的政策，该政策主导了 200 多年，直到 1859 年。在巨变期之后直到 1868 年的明治维新，日本快速扩张了其与外国的商业。据估计，它的人均进口在 19 世纪 70 年代早期扩张了 100 倍（参见 Bernhofen and Brown，2005）。按照金额计算，在 19 世纪 70 年代，日本的绝大多数出口由丝绸和茶叶组成，而其进口则比较分散，包括铁、铁轨和铁道机车、机械、羊毛制品、棉花制品、粗糖等等。其中一些可进口品在日本不生产。

在1846—1855年和1871—1879年之间，日本主要可出口品的价格相对于世界显著增长。特别是，其生丝的价格增长了26%，廉价茶叶的价格增长了50%，高价茶叶的价格增长了64%，因此显著填补了日本与世界其余国家间的价格差距（参见Huber，1971）。而且，日本可进口品的价格趋近于世界价格，根据休伯（Huber，1971）的计算，日本的贸易条件，即可出口品相对于进口竞争品的价格指数，增长了3.5倍，这确实是一个极大的改善。同时，日本融入国际商业体系对于世界价格的影响很小。使用这些数据以及江户（今天的东京）的城市工资数据，休伯计算出得自贸易的利益大约为实际国民收入的65%。

休伯的计算在方法和对江户工资数据的使用上受到批评。[59]比较而言，伯恩霍芬和布朗（Bernhofen and Brown，2005）提供了一个更令人满意的分析，该分析在理论基础上得出了日本得自贸易的利益的上限。他们指出，得自贸易开放的福利收益不可能超过以自给自足价格估值的部门净进口金额（即进口减出口）。如果贸易没有对部门产出水平产生太大影响，或者更一般地，如果当贸易均衡部门产出水平以自给自足价格估值时贸易均衡中产出的价值没有超出自给自足状态下的GDP太多，那么这一上限就是严格的。[60]GDP数据的缺乏使得我们难以计算这些估算出的收益价值相对于日本收入水平的情况。然而，伯恩霍芬和布朗发现，在一系列合理的收入水平下，得自贸易的收益的上限在GDP的5.4%到9.1%之间。的确，这些结果比休伯的估计低得多，但仍然很大。

这个日本例子的有趣之处在于自给自足价格数据是可靠的以及对贸易的开放是很迅速的。在此情况下，相对于诸如技术变化或要素禀赋变化等其他原因，19世纪60年代价格和贸易量的变化可以被合理地归因于贸易。

本章所讨论的得自贸易的利益来自于，相较于自给自足状态，开放经济能够以更高的价格出口，以更低的价格进口。这些贸易获益的来源是凭直觉就可以感知到的，但要证明它们的效力需要复杂的分析，因为市场力量如何依靠自身机制实现想要的结果并不是那么显而易见。然而，一旦理解了贸易使得国家可以贱买贵卖这一点，这一洞见就会对贸易流结构有着直接的含义：我们预期国家会进口那些相较于贸易价格，在自给自足状态下生产花费高的产品，出口那些相较于贸易价格，在自给自足状态下生产成本低的产品。在多部门和复杂技术的经济中，这一预期并不适用于每个单一产品，因为不同产品的单位成本以复杂的方式相互联系着。然而，迪尔多夫（Deardorff，1980）以及迪克希特和诺曼（Dixit and Norman，1980）指出，这一关系在通常情况下是必须成立的。特别是，当国家从自给自足转向贸易，因此而导致的商品价格变化应该与净进口负相关，或者，导致的商品价格变化应该与净出口正相关。这意味着，通常而言，国家进口价格降低的产品，出口价格提高的产品。

伯恩霍芬和布朗（2004）用日本19世纪中期的数据检验了该预测，当时日本对外国商业是开放的。图3—1复制了他们的主要研究成果，该图显示了价格增长与净出口间明显的正相关关系，与迪尔多夫-迪克希特-诺曼的结果一致。[61]通常而言，日本出口开放贸易时价格提高的产品，进口价格降低的产品。

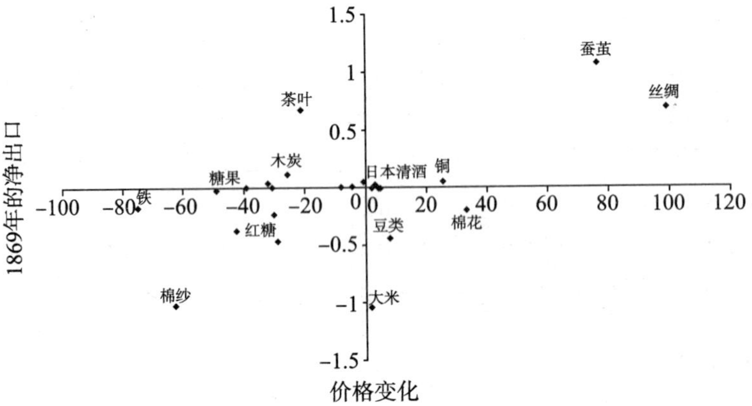

图3—1　日本价格变化和净出口（1869年）

资料来源：Bernhofen and Brown（2004）.

3.3　分配性冲突

当一国并不是所有居民都相同的时候，一般会存在分配性冲突，这种冲突会影响个体对贸易的态度。这些态度因经济地位和工作性质而存在个体差异，并且与贸易对个体收入的影响相联系（参见O'Rourke and Sinnott，2001；Scheve and Slaughter，2001；and Mayda and Rodrik，2005）。

为了理解这些态度之间的差异，有必要理解贸易如何影响收入分配。

在李嘉图的世界里不存在分配冲突，因为他的假设能确保所有的收入归于工人并且所有的工人得到平等付酬。所有的工人因而从贸易中获益，即使他们有不同的消费偏好。[62]显然，为了引入分配冲突，有必要区分不同类型的工人，或区分劳动和其他生产要素，例如资本和土地。

为了说明，考察李嘉图关于英国和葡萄牙间布与酒贸易案例的另一种情况，其中每个国家有两类工人：专业生产布的工人（以下简称布工）和专业生产酒的工人（以下简称酒工）。布工不知道如何生产酒，而酒工不知道如何生产布。这显然是关于工人间不完全可替代性的一个极端假设，正好是李嘉图所采用的另一个极端假设——完全可替代性的相反形式。然而，类似于李嘉图世界，我们假定每个工人的产出在每个产业内恒定，尽管在产业间和国家间会存在差异。

在这样的一个世界里，每个国家的产出水平由专业化工人的供给及其生产率决定。布工的工资率由每个布工生产出的布的价值决定，酒工的工资率由每个酒工生产出的酒的价值决定。重要的是，这些产出水平在自给自足状态中与在贸易状态中一样。

为具体起见，假定在两国不进行贸易的情况下，在英国酒的价格比布的价格高 50%，在葡萄牙高 35%。我们在这里使用的确切数字并不重要，唯一重要的是，酒在英国相对更贵。酒价格 50%的溢价应该确保英国人对于布的需求正好等于布的供应，对酒的需求等于酒的供应，而在葡萄牙酒价格 35%的溢价应该确保葡萄牙市场出清。

接下来考虑两国[63]间的贸易。当两国贸易时，酒的价格应该比布的价格高 35%～50%，假设高 40%。在这些情形下，英国进口酒并出口布，而葡萄牙出口酒并进口布。在此均衡中，英国布工比自给自足状态下境况更好，而英国酒工境况恶化了，而葡萄牙的布工比自给自足状态下境况恶化了，酒工境况更好。换句话来说，每个国家中专门用于进口竞争产业的生产要素因为贸易而受损，而专门用于出口产业的生产要素获益。在此例子里，每个国家的进口产业专业工人和出口产业专业工人间存在分配性冲突。该例子使得这种冲突实实在在地凸显出来了。

为了理解冲突如何产生，考察英国：它的布工所挣工资的购买力以布来衡量是固定的，而其酒工所挣工资的购买力以酒来衡量是固定的。布工的布工资（即用他们的工资所能购买的布的数量）在自给自足状态下与在贸易均衡中相同，酒工的酒工资（即用他们的工资所能购买的酒的数量）在自给自足状态下与在贸易均衡中相同。然而，布工的酒工资在贸易状态下和自给自足状态下存在差异，酒工的布工资也在这些状态下不同。既然在自给自足状态下酒比布贵 50%，而在贸易状态下仅贵 40%，布工在贸易状态下能比在自给自足状态下买更多的布和酒。出于同样的原因，酒工的工资的购买力在贸易状态下较低，因为他们的工资在该状态下能买与自给自足状态下同样数量的酒，但是更少的布。由此可以断定，布工从贸易中获益，而酒工受损。对葡萄牙的类似分析表明，它的酒工从贸易中获益，而其布工受损。总而言之，在每个国家，出口联盟行业的专业工人从贸易中获益而进口联盟行业的专业工人受损。

尽管极端，该例子却阐释了一种更普遍的观点：与进口竞争产业结盟的生产要素趋向于因贸易受损，而与出口产业结盟的生产要素趋向于因贸易获益。在该例子中，结盟是极端的，即一种投入仅限于进口竞争部门，另一种投入仅限于出口部门。实现这些收益和损失的机制是相对价格的变化，这种变化会影响投入的真实收入。开放国际贸易会提高可出口的产品的相对价格，降低进口竞争产品的相对价格。这些价格的变化转化为要素回报的变化，导致与出口结盟的投入获益，与进口结盟的投入受损。

琼斯（Jones，1971）分析了在强调投入的部门联系但又比我们所举例子中更灵活的框架下贸易对收入分配的影响。设想一种以固定规模收益生产布和酒的经济，即，该经济中的技术具有一个特征——如果所有投入成比例增加，产出将以与要素相同的比例提高，其中布用资本（机器）和劳动生产，而酒用土地和劳动生产。正如李嘉图的例子中那样，劳动是同质的，即既没有酒工也没有布工，且工人在部门间自由移动。当这种经济进行贸易开放时，可能最终出口布或酒。如果出口布，资本所有者从贸易获益，而土地所有者受损。工人可能在福利意义上获益或受损，因为贸易提高他们的酒工资，降低他们的布工资。在此情况下，如果工人喝很多酒且消费很少布，那么工人获益，但如果他们的支出模式偏向布，工人将受损。但是不同于前面的例子，现在以酒的形式表示的工资以及以布的形式表示的工资都不再固定，当贸易开放时，以这两种商品表示的工资都会发生变化。这一点同样适用于其他仅限于某一部门的生产要素的回报。当国家出口酒时也会得出类似结论，除了在这种情况下是土地所有者获益而资本所有者受损。一般的结论是，与出口部门结盟的特定投入从贸易获益，而与进口竞争部门结盟的特定投入受损。劳动这一自由的投入，不与任何一个部门结盟，因而可能获益或受损。

到目前为止我使用的是投入的部门结盟这一极端概念，即一种投入与一个部门结盟意味着，如果其可在该部门使用，那么就不可在任何其他部门使用。该投入不可在其他部门使用至少能归结于两个原因：首先，因为其他部门的技术被设计为仅能使用其他投入；其次，因为该投入不能被重新配置到其他用途。在任何一种情况下都会发生部门特定性。一种流行的观点认为，一些特定性产生于短期，因为难以迅速和无成本地在产业间重新配置投入，但在长期，生产要素能够有效地在部门间重新调配（参见 Mussa，1974 和 Neary，1978）。因此，研究所有生产要素能够在所有产业有效使用的经济，这很有趣。得自这种研究的结论因而能被视为长期结果。

但无论如何，当生产要素在部门间自由移动时，投入的部门结盟这一概念会失去其有用性吗？回答是否定的，除非这种结盟的属性不同。为了说明，考察一个两部门、两要素的这种类型的经济，正如我们在前面章节讨论要素比例理论时所考察的那样。为具体起见，假定布和酒用劳动和资本这两种要素以固定规模收益生产，布是资本密集型，酒是劳动密集型，资本与劳动均可在这些产业间自由移动。如果英国出口布，这意味着在贸易状态下布的相对价格高于英国在自给自足状态下的相对价格。这对于工人和资本所有者得自贸易的利益意味着什么呢？斯托尔帕和萨缪尔森（Stolper and Samuelson，1941）提供了解答。他们指出，一种产品价格的上涨会以更大的百分比提高该产品生产中密集使用的那种投入的回报，而降低其他投入的回报。前一种投入的真实收入因而提高（因为该收入现在能购买更多的两种商品），而后一种投入的真实收入降低（因为该要素回报以两种商品表示的购买力现在降低了）。这意味着，在英国，资本所有者从贸易获益而工人受损。在部门结盟方面，我们可以将资本视为与密集使用资本的出口产业结盟，将劳动视为与密集使用劳动的进口竞争产业结盟。

梅达和罗德里克（Mayda and Rodrik，2005）在其关于个体对贸易的态度的研究中发现了对两种部门结盟这一概念的实证支持。首先，在人力资本禀赋高的国家，以学历或职业分类衡量的人力资本水平高的个人倾向于反对贸易限制，但在人力资本禀赋低的国家则不是这样。对这一情况的解释是，在人力资本禀赋高的国家，高学历和高技能的个人预期将从更自由的贸易中获益，因为这些国家出口人力资本密集型产品，而更自由的贸易使得出口价格相对于进口价格上升。相反，在人力资本禀赋低的国家，高学历和高技能个人从进口的高价格获益，因为在这些国家进口竞争部门是人力资本密集型。其次，个体在部门结盟基础上支持或反对贸易限制。特别是，那些在非贸易部门工作的个人有支持贸易的偏好，而那些在具有明显的比较劣势部门工作的个人有最强烈的反贸易倾向。原因是，要素回报是与所在的部门有关的。一方面，当使用要素的部门以更高的价格出售产品时，要素的真实收入更高，也正是因为这个原因，在出口部门（具有明显的比较优势）工作的个人反对贸易限制，因为出口部门在贸易时可以获得更高的价格。另一方面，在非贸易部门工作的个体由于低进口价格而从贸易中获益，因此他们也反对贸易限制。

我们已经在小规模模型（产业数量少和投入数量少的模型）中相当详细地考察了要素回报对贸易的影响，阐明了从商品价格到要素回报的传导机制。根据这些小规模模型，可以得出许多清楚的预测。问题在于，这些预测中哪些能够推广至具有许多产品和许多生产要素的更复杂情形。琼斯和施可曼（Jones and Scheinkman，1977）提供了一个答案。他们认为，在以固定规模收益生产所有产品的经济中，一种产品价格的上升至少以更大比例提高一种要素的回报，并降低至少一种要素的回报。[64]自然，回报增长幅度超过价格提高幅度的那种生产要素因价格上涨而提高收益，而回报降低的那种生产要素受损。这意味着，每个价格提高会使一些生产要素获益，同时使另一些生产要素受损。由于国际贸易提高了可出口品相对于进口竞争品的价格，贸易必定会影响收入的功能性分配，也就是不同生产要素的收入。在此过程中，一些获益而另一些受损。

当贸易使一些人获益而另一些人受损时，一个有趣的问题是，获益者能否补偿受损者？我的讨论概括了政府为应对贸易所引起的这一问题而实行强制性收入再分配的可能性。但有人会问，政府能够以某种方式重新分配收入以确保所有人从贸易获益吗？该问题在下一节讨论。

3.4 补偿受损者

在投入边际生产率递减和所有市场价格只能被动接受的新古典经济中，国际贸易扩展了每个国家的消费机会。这一观察（在上面讨论过）可以上溯至萨缪尔森（1939），他研究了一个价格接受的小国，而肯普（Kemp，1962）和萨缪尔森（1962）将萨缪尔森的最初洞见扩展至大国。[65]但是，正如我们在以前的部分中所看到的那样，一个国家更好的消费机会并不必然转化成其所有居民更好的消费机会。在这些情况下政府可以介入并使用其课税权将收入从贸易获益个体转移到可能受损的那些人，以使这些收益的分配更加公平。自然，这种策略是否能确保所有人都从贸易中获益取决于为此目的可用的政策工具。当政府能够使用以个体或家庭为目标的定额税和补贴时，实现基础如此广泛的贸易利益的最佳情景出现了。这些税和补贴的征收独立于个人行为，因此个人无法通过改变行为来变更纳税义务或补贴支付。原因在于，一方面，定额税这一重新分配工具并不会导致经济非效率，因此不会减少可供重新分配的"馅饼"的规模，而另一方面，这一工具并没有限制可行的重新分配的范围及力度，因为他们使得政府能够按照其意愿不拘多少地在个体间转移收入。的确，这种工具在实践中几乎找不到（人头税是例外），但是它们提供了理解手头问题的重要分析基准。因此我从定额税重新分配开始讨论，然后推进至其他类型的税收和补贴。

一般的结果是，在新古典经济中，每个国家能找到一个定额税重新分配计划以确保其所有居民都能获得贸易利益。在解释这个值得注意的结果的逻辑以前，让我用之前关于布工和酒工的例子加以说明。

假定在英国，布工生产 100 单位的布，酒工生产 100 单位的酒。在自给自足状态下，1 单位布比 1 单位酒贵 50%。表 3—1 描绘了自给自足状态下这两组专业工人间的商品交换：布工出售 40 单位布，购买 60 单位酒，而酒工出售 60 单位酒，购买 40 单位布。相对价格是 1.5 单位酒换 1 单位布。在这些情境下，布工消费 60 单位布和 60 单位酒，而酒工消费 40 单位布和 40 单位酒。

表 3—1　　产出为 100 单位布和 100 单位酒情况下的自给自足均衡

	布工			酒工		
	出售	购买	消费	出售	购买	消费
布	40	0	60	0	40	40
酒	0	60	60	40	0	40

接下来考察一个布价格比酒价格高 40%的贸易体系。正如前面部分所解释的，在此价格配置且不存在收入重新分配的条件下，酒工因为贸易而获益，布工则受损。为了说明每个集团在一个贸易体系中如何能比在自给

自足状态中境况更好，考虑定额税重新分配。特别是，考虑对酒工的定额税在价值上相当于4单位酒，对布工的定额转移在价值上也相当于4单位酒。而且，同样的税适用于每个酒工，同样的补贴适用于每个布工。从政府的视角看，这是可行的政策，因为预算平衡，税收正好等于补贴。在实行该财政计划的情况下，布工仍然能消费60单位布和60单位酒，酒工仍然能消费40单位布和40单位酒。原因是，如果布工出售40单位布，正如自给自足状态下他们所做的那样，利用这笔销售取得的收入他们能购买1.4×40=56单位的酒，并且他们能用定额补贴购买额外的4单位酒。用这种方法，他们能消费60单位酒。而且，他们能消费仍然归他们所有的60单位布。而对于酒工来说，他们能出售4单位酒以支付定额税，并出售额外的56单位酒以使用该笔收入购买布。这样，他们还有40单位酒可供消费。来自于50单位酒的收入能被用来购买56/1.4=40单位布，这使得酒工可以消费与自给自足状态下相同数量的布和酒。

显然，如果布工和酒工接受定额税和补贴以保持他们在自给自足状态下的消费水平，他们在贸易均衡状态下将与在自给自足状态下的境况一样好。然而，得自贸易的利益其最关键的一点是他们的境况会比这更好。原因是，当面对每单位布换1.5单位酒的自给自足相对价格时，布工和酒工各自选择消费60—60和40—40单位，且这是在每种情况下对于给定相对价格最佳的消费组合。因此，当布的相对价格降低至1.4时，相同的组合不可能仍然是最佳消费组合。特别是，在60—60和40—40组合仍然可行的情况下，每个人相对于其自给自足选择，应该严格偏好于削减酒消费和增加布消费，因为布现在相对更便宜。换句话来说，尽管自给自足消费水平对每个人可行，但新价格和收入允许其选择更好的消费组合。规划的重新分配计划因而可以确保每个人从贸易获益。[66]

当有许多收入来源不同的人，有许多种投入和最终产品，以及有更复杂的技术时，该例子的论证结构的适用范围更广。论证的推进如下：让政府创立定额税和补贴，这些税和补贴能够确保每个人的收入在贸易均衡中正好足以购买他的自给自足消费束。那么，从消费品自给自足状态下的相对价格不同于贸易均衡中的相对价格这一事实出发，通过从自给自足状态转移至贸易体系，每个人能有利地重新配置他的消费模式以在贸易状态下增加对更便宜商品的消费，减少对更昂贵商品的消费。因此出现的唯一问题是，拟订的定额重新分配计划是否在不产生预算赤字的条件下可行。因为如果该计划产生预算赤字，这将意味着经济的总支出超过其收入。幸运的是，该计划会产生预算盈余。[67]所以，政府实际上能够用更高的转移支付或更低的税以实现预算平衡，并因此使一些人获益更多。换句话来说，政府能确保所有人从贸易获益。

定额税和补贴在使用上存在难度，特别是当它们需要精确指向特定个体时，因为他们要求有海量的信息，而这些信息是不可能获得的。例如，在上述拟订的重新分配政策中，政府需要知道每个人在自给自足状态下的消费水平的价值，而这些数据几乎是不可能获得的。因此，有人可能会问，是否其他类型的、不需要个体信息只需要市场结果信息的政策也能被用来确保所有人从贸易获益。迪克希特和诺曼（1986）认为，这样的政策是存在的。迪克希特和诺曼（1986）建议如下政策计划：让一国的政府在贸易体系下对产品和投入征税或发放补贴，以确保该国居民面临的商品价格和要素回报在贸易体系下与在自给自足状态中一致。注意，该政策不要求政府知道谁消费什么或个体收入来源是什么。为了设计该政策，政府专家仅需要使用市场生成的信息。换句话来说，该政策设计在将个体同等视为市场驱动变量时保留个体匿名。在使用该政策的情况下，每个人在贸易均衡中面临与在自给自足状态下同样的机会和权衡，因此每个人最终选择自给自足消费组合，该消费组合产生自给自足福利水平。换句话说，在此政策下，每个人在贸易体系下与在自给自足状态中的境况同样好。接下来迪克希特和诺曼阐释了该政策会产生预算盈余。因此接下来政府能降低一些每个人都消费的商品的价格，例如某些食品，以达到预算平衡。这些更低的价格导致每个人以改善其福利的方式重新配置自己的消费。因此，所有个体从贸易中获益。

迪克希特-诺曼的政策设计中有着巨大的扭曲，该扭曲会缩小可供分配的“馅饼”。然而，较小的馅饼也大到足以给每个人比自给自足状态下更大的一块。遗憾的是，尽管结果很漂亮，但他们并没有提供设计政策的可行方式，以确保广泛基础之上的贸易获益。而且，即使我们能够确定这种可行的政策，也难以确保这些政策在代议民主或独裁制度下实施，这些制度中利益集团在政策形成方面发挥重要作用（参见Grossman and Helpman，2002a)。因此，贸易政策的利益冲突仍然盛行。

第 4 章　规模与范围

比较优势的传统方法重在将产业作为一个观察单位，在实践中这些产业由分解程度或高或低的数据集代表。这种方法背后的潜在合理性在于，在每个产业中，不同企业的产出之间可以高度替代，所以假定一个部门提供一种同质的产品是无害的。由此看来，来自意大利摩德纳（Modena）的瓷砖是来自以色列耶路撒冷的瓷砖近乎完全的替代品，皮尔·卡丹男士衬衫是凡·休森（Van Heusen）男士衬衫几乎完全的替代品。换言之，尽管瓷砖和衬衫来自不同的品牌，但我们可以不考虑部门内产品的差异，而只从总体上理解哪一个国家在瓷砖方面有比较优势，哪一个国家在衬衫方面有比较优势。实际上，我们在第 2 章已经看到，这种方法能一直引领我们理解跨国生产率差异和要素组成差异所导致的部门贸易模式。

然而，贸易数据的一些特征与该观点不一致。首先，鉴于模型强调将国家特征差异作为贸易的来源，那么可以预期，生产率和要素禀赋不同的国家间贸易流量大，生产率和要素禀赋类似的国家间贸易流量小，然而贸易数据显示，特征类似的国家间贸易流量大。其次，大多数贸易不是跨部门的，而是在产业内部。即，我们不是观察到一个国家通过出口瓷砖来进口衬衫，而是观察到一个国家既出口瓷砖也进口瓷砖，并且同一个国家既出口也进口衬衫。尽管生产率和要素禀赋的差异有助于解释为什么这样一个国家可能会净出口瓷砖以及净进口衬衫，但它们不能解释这个国家为什么也进口瓷砖和出口衬衫。

为了说明这些特征，首先考虑 2005 年制造业贸易的区域结构，正如表 4—1 所描绘的那样。世界出口合计超过 10 万亿美元（101 590 亿），其中，大约 15%源自北美，大约 43%源自欧洲，其余大约 42%的世界出口源自世界的其他地区（南美和中美洲，非洲，亚洲，中东）。而且，大约 21%的世界出口其目的地是北美，43%其目的地是欧洲，剩余大约 36%其目的地是世界的其他地区。重要的是，欧洲和北美的富裕国家对欧洲与北美其他富裕国家的出口大约占世界贸易的 46%。如果把日本贸易加入欧洲和北美，那么富裕国家占世界贸易的份额将提高至 50%。换句话说，少数最富裕国家间的贸易占世界贸易量的一半。贸易集中于富裕国家间，这与比较优势的传统观点不太一致，与亚洲、非洲或南美的更贫穷国家相比，这些富裕国家在生产率和要素禀赋等方面更为类似。

表 4—1　　制造业出口的区域结构（2005 年）

产地/目的地	北美	欧洲	日本	世界
北美	824	238	88	1 478
欧洲	398	3 201	77	4 372
日本	152	94	0	595
世界	2 093	4 398	515	10 159

资料来源：World Trade Organization（2006，table 3. 3 and table 3. 70），以 10 亿美元计。

接下来考察产业内贸易。格鲁贝尔和劳埃德（Grubel and Lloyd，1975）提出了一个指数（现在被称为格鲁贝尔-劳埃德指数），以衡量发生在产业内、相对于产业间的那部分贸易流。使用这种分解，他们阐释了在许多国家大多数贸易是产业内贸易而不是产业间贸易这一点。表 4—2 显示了 1996—2000 年间样本国家产业内贸易的平均份额。法国的份额最高，其贸易中超过 3/4 是产业内贸易，不到 1/4 是产业间贸易；另一方面，澳大利亚份额最低，其贸易中不到 30%是产业内贸易，超过 70%是产业间贸易。从该表明显可以看出，发展水平不同的国家之间——例如一边是加拿大和英国，另一边是捷克共和国和匈牙利——确实具有很高的产业内贸易份额。

表 4—2　　产业内贸易份额（1996—2000 年平均）(%)

法国	77.5
捷克共和国	77.4
加拿大	76.2
英国	73.7
墨西哥	73.4
匈牙利	72.1
德国	72.0
西班牙	71.2
荷兰	68.9
美国	68.5
瑞典	66.5
意大利	64.7
韩国	57.5
日本	47.6
新西兰	40.6
挪威	37.1
澳大利亚	29.8

资料来源：OECD（2002，table 6.1）.

产业内贸易份额不仅在国家间不相同，在产业间也不相同。例如在美国，1993 年其无机化学、发电机和电子机械的产业内贸易份额都超过 95%。另一方面，铁与钢的份额是 43%，服装的份额是 27%（参见 Krugman and Obstfeld，2009，table 6.3）。

我们如何解释这些模式？考察产业内的产品差异有助于回答该问题。如果来自摩德纳的意大利瓷砖不是来自耶路撒冷以色列瓷砖的完全替代品，那么意大利就能向以色列出口瓷砖，以色列也能向意大利出口瓷砖。并且如果美国制造的电机不同于德国制造的电机，那么美国能从德国进口电机而且德国能从美国进口电机。

一旦产品差异被认为是贸易流的原因，其就有助于解释一个事实，即观测到的贸易变化很大一部分是贸易产品种类的变化，而不是每种产品数量的变化。赫梅尔和克莱诺（Hummels and Klenow，2005）指出，较大国家比较小国家出口更多，这种不同规模国家间贸易额差异的 60%能够由贸易的广度边际（extensive margin）来解释，即，较大的国家比较小的国家出口的产品范围更广。图 4—1 描绘了国家规模与贸易广度边际间的关系，该图清楚地显示，以 GDP 衡量来看较大的国家，出口的产品范围也更广。[68]

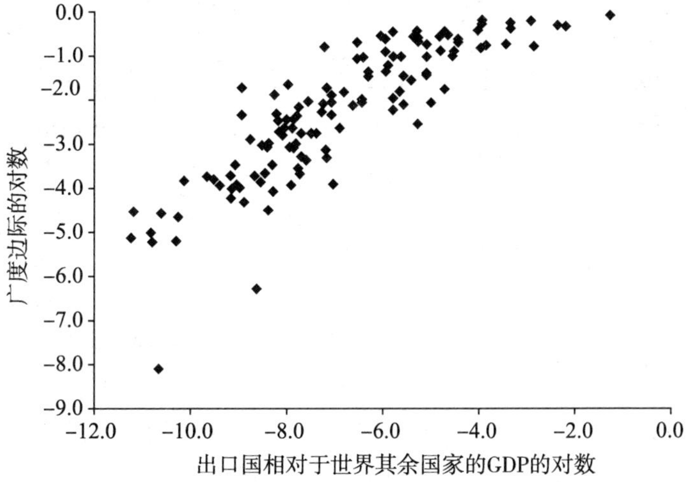

图 4—1　贸易产品范围的变动（126 个国家）

资料来源：Hummels and Klenow (2005).

尽管差异化产品的国际贸易多年以来一直是一个重要现象，但直到 20 世纪 80 年代才统一到国际贸易理论中。[69]经济学家们当时找到了正式对特定市场建模的方法，而企业正是在市场的规模经济下运行，并专业化生产各种产品的不同品牌。因为规模经济与产品差异化的作用截然不同，我将在下节讨论无产品差异情况下规模经济对贸易的影响，在此后的章节讨论有产品差异的情况。

4.1 规模经济

规模经济能够以不同方式产生，但是最经常遇到的两种方式是技术和集聚。在本节中，我们讨论技术驱动型规模经济，即某些生产流程具有如下特点：当所有投入成比例扩张后，产出会以更大比例提高。

举个例子，考虑瓷砖的制造。如果通过增加粘土、机器及设备、建筑物和劳动的使用，假定增加10%，瓷砖产出的增加会超过10%，那么我们就可以说瓷砖的生产技术显示出规模收益递增的特性，或者就是规模经济。另一方面，如果所使用投入扩张10%导致产出的增加少于10%，我们会说，该技术表现出规模收益递减的特性。如果所使用投入扩张10%导致产出正好增加10%，我们会说，该技术表现出规模收益不变的特性。更确切地，如果每次所使用投入的成比例扩张导致产出增加更高的比例，那么一项技术就表现出规模经济的特性，类似的情况适用于规模收益递减或不变。也就是说，要符合这3种分类之一，其属性必须满足要素使用的每一次成比例扩张对产出的相应要求。[70]重要的是，规模经济导致平均成本递减，也就是，产出水平越高，平均成本越低，而规模收益递减导致平均成本递增。当规模收益不变时，平均成本不变。

规模经济常见于有大量固定成本的部门，例如飞机和制药。这些固定成本或者来自于开发成本，或者来自于建立生产线的成本。例如在飞机制造业，开发一种飞机型号，例如宽体喷气式飞机，费用十分高昂，为特定型号建立生产线也是如此。在制药业，开发一种药品众所周知十分昂贵，达到上亿美元。在任一种情况中，均存在规模经济。对其他产品来说，固定成本要低得多，然而也会产生规模经济。

为了说明固定成本如何产生规模经济，考虑一个简单的例子，某个木匠在他自己的店铺中生产桌子，因此所有的投入包括材料和他的工作小时。[71]为了生产某种桌子，例如规格为2码×2码的厨房方桌，这个木匠要花4个小时思考设计和生产步骤：首先准备哪些部件，哪些部件需要粘上，哪些部件用螺丝栓上，诸如此类。一旦这些细节被理出头绪，他需要花两个小时制作一张桌子。因此，该木匠的生产过程看上去可能显示出规模收益不变的特征，因为通过使他的制造时间以及木材、胶水和螺丝等加倍，他生产的桌子数量也能加倍。然而，这忽略了他花在彻底想清楚设计和生产阶段的 4 个小时。不管他制造多少桌子，这 4 个小时仅需投入一次。因此通过使工作小时和材料的数量加倍，该木匠实际用来制造桌子的小时数量不只加倍，生产桌子的数量因而能超过两倍。本例中体现的这些原则自然适用于复杂得多的生产过程。

我在前两章的讨论中假定技术呈现出规模收益不变的特征。在此假设下我们考察了竞争性市场经济中贸易的结构及其对收入分配的影响。生成的专业化模式由跨国技术差异或要素禀赋差异决定。然而，杰出的学者，例如格雷厄姆（Graham，1923）和俄林（1933），许多年前指出，规模经济能成为专业化的独立来源，并因此影响对外贸易的结构。设法在一个具有规模经济的产业实现大规模生产的国家，能够以低单位成本生产其产品，并因此出口该产品。这样，生产规模是比较优势的一个来源。在这些情况下，生产集中在极少数国家，或者更有甚者集中在一个国家，从而实现大规模生产和低单位成本，降低全世界所有购买者的购买价格。于是可以得出一个推论，即报酬递增成为贸易获益的独立来源，并且这还增加了前面章节讨论的由于贸易和自给自足间价格差异所带来的收益。

然而，格雷厄姆（1923）担心一种可能性，即当一个国家的某些产出活动属于规模报酬递增时，这个国家可能被对外贸易伤害，而这样的国家通过保护其进口竞争部门境况可能改善。他的推理如下：假定存在两个产业，一个在规模报酬不变的情况下运营，另一个在规模报酬递增情况下运营，假定开放贸易时，资源从递增部门流动到报酬不变部门。这样，生产率（即每单位投入的产出）在前一个部门降低，而在后一个部门保持稳定，这导致以不变价格计算的 GDP 金额减少，并可能导致福利降低。如果存在规模经济的部门与进口竞争，关税保护能阻止投入重新配置到规模报酬不变的部门，并因此阻止 GDP 的缩减。

奈特（Knight，1924）批评了格雷厄姆的论证，指出在报酬递增情况下不可能进行标准的竞争分析。这些学者间的争论很重要，因为它使得递增回报市场运行中一些值得注意的问题凸显出来了。规模经济是否内在化于企业，也就是说，企业投入的比例扩张是否导致该企业产出以更高比例增长？规模经济是否内在化于一国的产业或世界的产业，也就是说，一个国家的产出——例如化学品——是否会随着该国化学品产业的所有投入成比例扩张而以更高的比例增加？或者当世界化学品产业的所有投入成比例扩张时，世界化学品产业的产出增长比例更大？这样的市场会是竞争性的吗？在这些类型的产业中，价格是由边际成本还是平均成本驱动？雅各布·瓦伊纳（Jacob Viner）在讨论了格雷厄姆和奈特间的争论之后，在其关于国际贸易学术研究的详尽综述中将其观点总结如下：

> 由于从单个生产者的视角来看其成本处于比较劣势的某一行业中外部经济的存在，我们可能需要对其进行保护，但只有当这些外部经济是（a）取决于国家的规模而不是世界产业的规模以及（b）是技术的，而不是金钱的，或者，如果是金钱的，但不是以损害面向该产业的国内服务商或材料制造商为代价时才是真的需要保护。该论证的适用范围极其有限，特别是看上去甚至似乎难以接受真正的技术外部经济存在这一貌似可信的假设情况。格雷厄姆的论文没有像他设想的那样为民间保护的盛行提供坚实的"科学"基础，而不过是理论上的好奇。（Viner，1965，pp. 480－481［原版，1937］）

确实，根据马歇尔（Marshall，1920，Book，chaps. 9－11）的观点，当规模经济对企业是外部的而对产业是内部的时，格雷厄姆的推测最容易获得支持。即，进口竞争部门企业的生产率取决于部门的国内产出——产业规模越大，每个企业的效率越高——然而单个生产者将产业规模视为既定，因此将他的生产率视为独立于他自己的投入使用。在这些情况下，个体生产者在规模报酬不变的认知下运营，而他们的部门则是报酬递增。在此情况下，所有的生产者都可以是价格接受者，竞争范式能保持下去。

埃希尔（Ethier，1982a）将这种直觉性认识进行了正式化，并且结果表明格雷厄姆在一定意义上是对的，因为在某些情况下，贸易导致一国报酬递增的进口竞争部门收缩以及因贸易而产生的福利受到损失，这时保护是有益的。然而重要的是，一国报酬递增的进口竞争部门的收缩并不必然导致来自贸易的损失，因为我们在第 3 章讨论的得自贸易的收益其来源仍然起作用。换句话来说，现在一些经济力量使国际贸易有利可图，而另一些力量使国际贸易有害。从净值来看，贸易可能带来收益也可能带来损失。[72]

规模经济导致贸易模式有一定程度的任意性，因为在报酬递增部门生产大量产出的国家，可以凭借高产出和高生产率在该产业获得成本优势。换句话说，在此情况下有一个有趣的循环：高生产率导致高产出（例如，在李嘉图世界中），现在高产出也导致高生产率。一个恰好生产大量产出的国家因此以高生产率和低单位成本告终，而一个恰好生产少量产出的国家以低生产率和高单位成本告终。在这些情况下，恰好生产量较大的国家成为出口者，而恰好生产量较小的国家成为进口者。然而，这些国家的角色是能被翻转的，此时前者产量少，后者产量大，因为量大的产出和量少的产出都是自我维持的。并且很自然地，翻转专业化模式也就翻转了贸易的方向。关键在于，一个国家不需要什么特性以在此类部门获得比较优势，因此，这些国家中的任一个都能够成为较大生产者，因而成为该产品的出口者。这一性质导致多重均衡，并使得专业化与贸易模式难以预测。

格罗斯曼和罗西-汉斯伯格（Grossman and Rossi-Hansberg，2010）提供了关于缺乏可预见性的有趣评论。他们指出，格雷厄姆-埃希尔式的世界中的均衡的多重性是由两个假设共同来驱动的：产业按照资源使用情况来看规模巨大，企业是价格接受者。在产业规模小的情况下，企业并不将生产率视为既定，而是认为生产率随着规模而提高，企业认识到它们动用市场力量的能力并将竞争制造商的定价策略视为既定，比较优势的李嘉图力量恢复了可预测的贸易模式，正如在多恩布什、费希尔和萨缪尔森（1977）中那样。在格罗斯曼-罗西-汉斯伯格式的世界里，有许多微型产业和两个贸易国，其比较成本由相对生产率差异决定，正如在多恩布什、费希尔和萨缪尔森中那样。然而，与多恩布什、费希尔和萨缪尔森中不同，每单位产出对劳动的需求量随着一国产出水平而降低，而且这种国家特定的规模效应在两个国家都一样。企业进行价格竞争，即，每个企业将其竞争对手的价格视为给定，然后选择自己的价格，并在这些价格水平上提供对其产品所需要的数量。由于产品是同质的，如果一家企业的要价超过该产业中任何其他企业的价格，那么对该企业产品的需求就会降低至零，因而只有价格最低的企业能出售它们的产品。而且，现存企业至少必须要足够支付它们的成本，所以它们的价格不能低于平均成本。[73]因此，每个现存企业的要价正好等于其平均成本。在这种高度竞争的市场，专业化和贸易由比较优势的李嘉图力量支配。[74]

显然，格罗斯曼和罗西-汉斯伯格偏离了企业的竞争性行为，他们所分析的企业并不将市场价格视为给定。偏离竞争性行为实际上是规模经济企业的必要特征，其中每个企业都会认识到随着产出的扩张其单位成本会降低。原因是，在这种产业中，企业具有市场力量，它们可以是大企业，并且它们战略性地使用其市场力量。于是最后的市场结果就取决于它们的战略，这些战略在不同产业会有不同形式。所以，关于规模报酬产业的分析不能与该部门的市场结构和企业行为相分离。

规模经济仅仅只是好奇心吗？或者，规模经济能在重要部门中找到吗？通过对生产方程的实证估计，研究者们在一些部门发现了显著的规模经济，例如铁路和发电。[75]其他部门则看上去规模报酬不变。安特魏勒和柴夫勒（Antweiler and Trefler，2002）使用我在第2章已经讨论过的瓦尼克的贸易流要素含量方法，通过贸易数据来估算部门规模经济。不同于以希克斯中性方式或以要素增广方式允许生产率存在国别差异，正如柴夫勒（2003，2005）中那样，他们假定生产率随产业的规模而变化，并且这种关系能用幂函数近似描述，即，生产率等于产出的一个正的次方。这时，幂函数的参数能用数据估计。他们发现，许多传统部门，例如服装、皮革、鞋类和纺织品，表现出规模报酬不变性。一些自然资源部门，例如畜牧和煤炭开采，表现出小的规模经济，而林业表现出大的规模经济。在制造业中，石油和煤产品以及制药业表现出大的规模经济；电动和电子机械以及石油炼制业表现出中等规模经济，规模上类似于林业；而仪器和非电动机械表现出显著的规模经济[76]，尽管规模上更小。鉴于这些发现，在贸易流分析中排斥规模经济是不适宜的。在规模递增行业设法建立大规模活动的国家在这些产业将获得成本优势，并出口其产品。[77]

然而，在许多产业，规模经济并不是外在于企业。在此情况下，企业不是价格接受者，因此有必要明确考虑非竞争性行为。因此，我们接下来将讨论垄断竞争。[78]

4.2 垄断竞争

绝大多数产品都会有各式各样的品种，有许多品牌的奶酪和酒，衬衫和西装。冰箱、洗衣机和真空吸尘器等等这些都有许多种类，正如发型屋、餐馆以及牙科诊所一样。在制造业和服务业中，供应商通过将他们的产品区别于竞争者提供的产品而获益，并且这提供了投资于品牌化的强烈动机。投资于产品差异化进而会产生企业（或产品）层面的规模经济。一个开发了特定品牌产品的企业，例如特殊口味的冰淇淋或独特的移动电话，不管其销量大小都要独立承担其投资成本。自然，投资决定取决于预期销售，但是一旦投资取得成果，该企业生产的单位可以很多，也可以很少，而与已经沉没的投资无关。这些固定成本导致了规模经济。[79]

在产品差异化和企业特定规模经济的部门，企业需要在进入后盈利，以支付它们的进入成本。为此，它们需要动用市场支配力。例如，如果产品开发需要投资，但是其他任何一家企业能够无成本地学习竞争企业开发的生产某种品牌产品的技术，并将其产品作为初始开发者产品的完全替代物出售，那么这将抑制开发新产品的动机，还很可能完全消除这种动机。因此，为鼓励多种品牌的进入，一定程度的市场支配力是必需的。如果一家企业生产的一种产品品牌被认为是同一产品另一品牌的不完全替代品，这类市场支配力就是自然而然地获得的。

如果产品差异化不需要承担固定成本，那么企业将确保消费者或企业所需要的每一种可能品牌的供应。换句话来说，产品将会为每种喜好和每种需要量身定制。但显然实际情况并非如此，购买者在市场上只能获得有限的品种，他们在现行价格下选择哪一个品牌最适合自己。品牌层面的规模经济确保了品牌的有限供应，并且新制造商的进入对产业内的企业会施加竞争压力，这就是垄断竞争。尽管每家企业都具有市场支配力，也就是通过降低其品牌的价格该企业能够出售更多，但这种市场支配力在均衡状态下不会转化成正的利润，因为竞争企业的进入确保总利润——考虑到该产业中开发产品和设立店铺的固定成本——等于零。

在许多情况下，法律制度通过专利权或商标名称来保护产品开发者。为了说明前者，我们来考虑一下药品。在美国，品牌药受专利保护的期限是 20 年。当一项专利到期，其他药品制造商能被授权生产通用替代品。美国食品药品监督管理局（FDA）解释道："一种通用药是一项复制品，与品牌药在剂量、安全性、浓度、如何服用、品质、性能和预期用途等方面一样。"该管理局还解释道："通用药不那么贵，因为通用药的生产商不需要像新药开发者那样支付投资成本。新药在专利保护下开发。专利通过给予该公司在专利有效期内独家销售的权利来保护投资，包括研究、开发、营销和推广。"[80]然而，尽管实际上通用药要便宜得多，但通用药与品牌药共存。显然，消费者不认为通用药是品牌药的完全替代品。

为了说明后者，注意注册的商标名也受保护。因而不管是李维斯的牛仔裤还是有阿迪达斯商标的鞋子，都不能由未被授权的公司生产和营销。

即，法律制度给予商标名垄断权力。

商标名也能够在极少有或没有法律保护的情况下被保留。例如，尽管我不能开一家未被授权的麦当劳汉堡零售店，但我可以开自有品牌的汉堡店，并出售汉堡包爱好者青睐的具有独一无二特征的产品。我企业的成功将取决于多少人发现我的汉堡包及其价格的吸引力。只要其他汉堡包出售者不能复制我的产品的特征，我就能够实施某种程度的垄断，也就是在一定范围内，如果我的汉堡包价格降低，那么我的销售会增加。

爱德华·钱伯林（Edward Chamberlin，1933）提出了一种处理这类情况的分析框架。他的"大群体"（large group）情况被证明是特别有用的，该情况适用于这样一种产业，即在该产业中，企业层面的规模经济相对于对该部门产品的需求较小，因而许多生产不同品牌的企业能够进入该产业并盈利。结果是，企业会不断进入，直到现有企业的利润接近零，其他企业不再有进入动机。由于每个生产者都会动用一定的市场力量，这种力量受到竞争者数量以及他们的产品对其他产品的替代程度的限制，生产者会将其品牌定价确定在高出生产的边际成本的水平以最大化利润。由此导致的超出边际成本的那部分价格会产生营业利润，但是这些利润刚好足以弥补进入成本，在这种情况下总利润接近零。

该结果作为钱伯林式垄断竞争的反映，可以用图 4—2 表现出来。水平轴衡量代表性企业的产出，纵轴衡量其价格和平均成本。该图描绘了企业的需求曲线和平均成本曲线，显示价格与平均成本如何随产出而降低。在点 A，这两条曲线相切。这意味着，如果该企业生产对应于 A 点的产出，它将按照等于平均成本的价格出售其产出且其总利润等于零。相反，如果企业生产低于这个产出水平，平均成本将超过该价格，于是出现亏损。类似地，如果企业生产超过该产出水平，平均成本也会超过该价格，结果出现亏损。换句话说，当企业生产对应于 A 点的产出水平时收支平衡，而在所有其他产出水平都会赔钱。因此，A 点是均衡点。

如何达到切点 A 呢？钱伯林强调的一个重要机制是企业的进入与退出。例如，如果图 4—2 中的需求曲线更高，那么在一些产出水平下，价格将高于平均成本，在此情况下利润将为正。正利润会吸引新企业进入该产业。当新企业进入时，现有企业面临的需求会降低，因为现有企业品牌有更多的替代品可得。或者，如果图 4—2 中的需求曲线更低，那么现有者不管生产多少都将赔钱，企业因而会退出。企业的退出导致该产业中每个保留下来的企业的需求曲线上移。最后，一个类似于 A 点的切点会出现，它代表了每个活跃企业的产出水平。

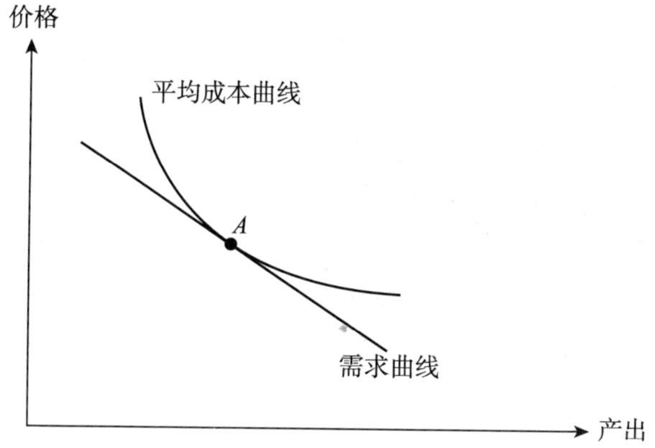

图 4—2　垄断竞争：产出与价格

垄断竞争的逻辑对于参与对外贸易的经济和不参与对外贸易的经济同样有效。区别在于，如果一个经济体与世界其余部分隔绝，那么其一种差异化产品的制造商只需要确定，它的品牌不同于本国经济中生产的其他品牌，而根本不在乎它的品牌是否区别于其他经济中可获得的品牌。另一方面，如果该经济体与其他国家贸易，那么它的每一个生产商将确定它的品牌不同于世界经济中，包括它自己的国家以及其他每个国家，供给的每个品牌。换句话来说，贸易导致全球而不仅仅是国家内部的竞争性产品差异化。对看重多样性的消费者而言，这是好消息，因为贸易使他们能够获得更广泛的品种选择。当我的国家与其他国家贸易时，我能选择购买国内品牌或外国品牌的洗衣机，看哪一个更适合我的预算和我的需要。这种额外的多样性选择被证明是贸易获益的一个重要来源。

为了估计进口多样性的重要性，考察美国经济。1972—1988 年间，进口品牌的数量增长了 119%，而在 1990—2001 年间，该数量增长了 42%。这意味着在整个期间，进口多样性增长了 212%。[81] 正如布罗达和温斯坦（Broda and Weinstein，2006，pp. 552 - 553）所指出的，这种增长中大约一半来自商品数量的增长，大约一半来自向美国出口每种产品的国家数量的增长。结果是，1972—2001 年间，多样性的增长使得多样性调整后的进口价格指数降低了 28%，真实收入增长了 2.6%。[82] 显然，进口多样性增长对美国经济有重要影响。

差异化产品的国际交换预言了在重要方面不同于同质商品的国际交换的贸易流。相比同质产品的贸易，差异化产品的贸易除预测产业内贸易以外，还预测了不同国家的贸易量。一个重要差异就在于要素禀赋。在一个赫克歇尔-俄林世界里，国家间要素组成的差异催生了对外贸易。我们预期，如果国家间要素组成差异大，那么相互间贸易量大；如果国家间要素组成差异小，那么相互间贸易量小。然而从数据看，实际情况并非如此。正如上面所显示的，最大的贸易流发生在工业化国家之间，但这些国家由相似的要素组成，而几乎没有什么贸易发生在工业化国家和欠发达国家之间，尽管这些国家在要素组成方面差异巨大。这不是说，要素组成差异不影响贸易流，它们确实影响，而是说为了理解对外贸易，我们需要理解贸易流的其他决定因素。

丁伯根（Tinbergen，1962）提议了一种使用所谓的“引力方程”（gravity equation）的实证方法。在物理中，物质两个粒子间的引力与它们的质量乘积成正比，与它们间距离的平方成反比。在丁伯根的论述中，一对国家间的贸易量与它们的市场规模之乘积成正比，而市场规模由每个国家的GDP（引力项，类似于物质的质量）衡量。由于双边贸易流的障碍（对贸易排斥程度的衡量，类似于距离的平方）每个国家对的比例系数也会存在差异。这些阻碍可能来自自然因素，例如国家间的距离，距离会影响运输成本，或人为障碍，例如关税。但其他因素，例如它们是否分享一种共同的语言，也可能影响贸易排斥程度。丁伯根的方法已经被运用于许多数据集，并且经受住了时间的考验。它在解释不同发展水平和不同时期国家间贸易流方面效果好得惊人。

尽管丁伯根式的引力方程不是从传统的对外贸易要素比例方法中自然而然地产生出来的，而是在将这种方法扩充至包括产品差异化在内的过程中建立起来的。[83]正如赫尔普曼（1987）所指出的，在所有部门产品差异化这一极端例子中，贸易流遵循确切的引力方程。[84]原因是，在这些情况下，每个国家专业生产每种产品的不同品牌，所以来自一个国家的供应者提供与来自其他国家供应者不一样的品牌。因而在每个国家都存在对世界经济中生产的所有品牌的需求。在没有贸易障碍以及所有国家位似偏好类似的情况下，一国对每种品牌的需求与其规模成比例。这意味着，如果一个国家的规模，假定，是世界经济的5%，那么它需要每种品牌的5%，在此情况下，它进口其每个贸易伙伴GDP的5%。类似地，如果一个贸易伙伴，假定其规模是世界经济的 10%，那么它会进口每个国家 GDP 的 10%。因此这两个国家间的贸易流包含后一个国家 GDP 的 5%加上前一个国家 GDP 的 10%。但是由于前一个国家的 GDP 是世界 GDP 的 5%，而后一个国家的 GDP 是世界 GDP 的 10%，它们间的贸易量与其 GDP 水平的乘积成比例。[85]

类似的计算能被用于国家组内部的贸易量。从而可以预测出，组内国家在规模上越相似，组内贸易量相对于该组合计 GDP 水平的比例越高，其中一国的规模以其 GDP 相对于该组合计 GDP 水平来衡量。而且，该计算还可以得出国家规模相似度的精确衡量（参见 Helpman，1987）。图 4—3 描绘了赫尔普曼（1987）数据中 1956—1981 年 14 个工业化国家间的这种关系，图中的一个点代表一个特定年份。该图显示，在这些年里，这 14 个国家中，那些在规模上更加相似的国家，它们相互间的贸易占收入的份额更高。当其发生时，随着时间流逝，它们在规模上越来越相似，并且贸易份额也不断增长。

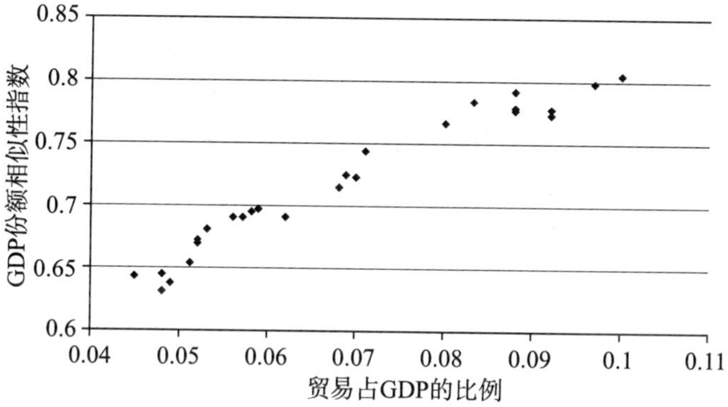

图 4—3　GDP 份额相似度与贸易占 GDP 的比例（1956—1981 年）：14 个工业化国家

资料来源：Helpman (1987).

在不那么极端的例子里，一些部门生产差异化产品而其他部门生产同质产品，该理论预测国家规模相似度对于贸易量占 GDP 的比率有正向影响，但是也预测要素组成的差异会提高贸易份额。换句话来说，规模相似度和要素组成差异都影响贸易量。

迪拜埃尔（Debaere，2005）提供了国家规模相似度对双边贸易流量影响的更为精巧的分析，并用 OECD 国家样本进行确认。结果表明，GDP 水平越相似的国家，贸易量占其收入的比率越大。尽管上述关系存在于他样本中的富裕国家，但在包括穷国和富国的更大样本中，迪拜埃尔没有发现这种关系。该发现符合一个观点，即，在一些部门产品差异化而另一些部门产品同质的世界里，富国间相互贸易的差异产品数量不成比例，因为它们相对更加专业化于差异产品行业。因此对富国间的贸易而言，要素比例的差异不那么重要，而产业内的专业化更为重要。[86]

除了提供对贸易量的更好解释之外，产品差异化还是解释产业内贸易数据的关键。赫尔普曼和克鲁格曼（1985）指出，如果所有部门生产同质产品，那么产业内贸易的份额是零，而如果一些部门生产差异化产品，那么产业内贸易的份额为正。在数据中，产业内贸易的份额差异很大，正如我们上面已经看到的。为了对此进行解释，他们指出，在一个简单的两国、两要素的国际贸易模型里，其中仅有两个部门，一个供应同质产品，另一个供应一种差异化产品的多种品牌，在国家间相对规模保持不变的情况下，国家间要素组成的差异越大，产业内贸易份额越小。换句话来说，如果产品用资本和劳动生产，两个国家的资本劳动比越相似，产业内贸易份额应该越大。

除了贸易量，赫尔普曼（1987）还实证研究了要素组成相似度和产业内贸易份额间的关系。在他的包含 14 个 OECD 国家的样本中，他发现，用人均 GDP 相似度衡量的国家要素禀赋越相似的时期，产业内贸易份额越大。[87]这一点可以在图 4—4 中看出来，其中横轴衡量 14 个工业化国家组内产业内贸易的份额，纵轴衡量它们人均 GDP 的变异系数，每个点表示一个不同的年份。该图显示人均收入分布和产业内贸易间存在着清楚的负相关关系。

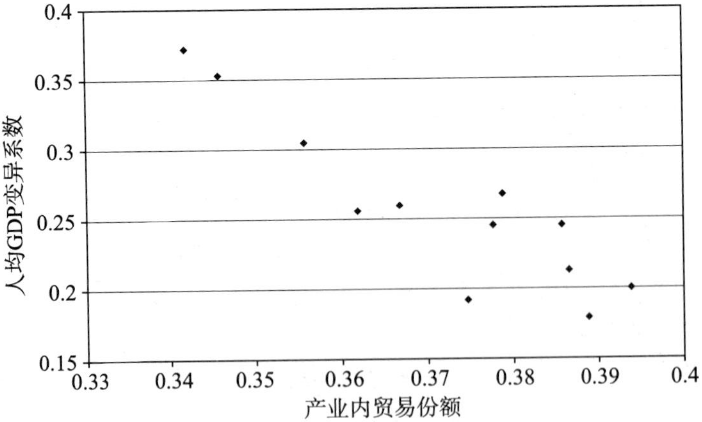

图 4—4　人均 GDP 散布与产业内贸易份额（1970—1981 年）：14 个工业化国家

资料来源：Helpman（1987）.

西埃斯立克（Cieślik，2005）提供了对这种关系的更细致的分析，他分析了迪拜埃尔（2005）以及赫梅尔和莱文索恩（Hummels and Levinsohn，1995）研究的 OECD 国家样本中的双边贸易流。当控制两个资本劳动比率之和时，他发现产业内贸易份额和两个贸易国之间的资本劳动比差异这两者存在很强的负相关关系。至于为什么需要控制后者这是源自理论模型。其遵循这一点，即要素组成方面的差异在提高贸易总量的同时，降低了产业内贸易的份额。

具有规模经济特征的企业间的垄断竞争通过另一个渠道影响贸易结构，该渠道被称之为母市场效应，最初由克鲁格曼（1980）发现。母市场效应导致对一种特定产品的各种品牌具有较大本国市场的国家，相对于市场较小的国家更加专业化地生产这些品牌。这种倾向源自贸易成本的存在，如果没有贸易成本就不会有这种倾向。其逻辑如下：如果没有贸易成本，生产一种差异化产品某种品牌的企业对于定址在一个小国（例如比利时）还是在一个大国（例如美国）无所谓，只要在这两个国家成本状况一样。原因是，不管企业在哪里生产，它都能够以同等成本向世界上所有国家销售。但如果贸易障碍存在，那么企业宁愿坐落在美国，因为它能廉价供应较大市场，仅在供应较小市场时面临更高成本。然而，当更多企业定址于美国时，对一个想要新加入的企业而言，坐落于美国的吸引力降低，因为当地市场竞争变得更加激烈。最后，与较小市场相比，更多的企业必须坐落在较大市场，以使所有企业盈利情况相当。然而，克鲁格曼指出，坐落在较大市场的企业数量会不成比例地大，即，市场越大，企业数量除以市场规模也必须越大。因而较大的国家净出口该产业的产品。

许多研究通过考察国家间需求水平的差异对净贸易流的影响确认了母市场效应。戴维斯和温斯坦（Davis and Weinstein，1999，2003）研究了 OECD 国家和日本各区域的制造业。在两个数据集中他们都估算出了在各种差异化产品部门系数超过 1 时当地需求对当地供应的正向影响，即，当地需求的增长导致当地供应的扩张。关键发现是一个超过 1 的系数，这符合母市场效应，但如果不存在该系数则不符合母市场效应。黑德和里斯（Head and Ries，2001）对加拿大和美国之间的贸易进行研究，得到了类似的发现。

汉森和项（Hanson and Xiang，2004）提供了对母市场效应最细致的研究。他们把产业按照贸易成本和替代弹性分类，其中替代弹性的衡量方法是，当两种产品的相对成本降低1%时，看对这两种产品的相对需求会提高多少。例如，如果它们的相对需求增长5%，那么替代弹性等于5，如果它们的相对需求增长2%，那么替代弹性等于2。具有高贸易成本和低替代弹性的部门，与具有低贸易成本和高替代弹性的部门相比，更容易产生母市场效应。直觉上，更高的运输成本使本地市场相对于出口市场更重要，而品牌间较低的替代弹性使需求中的多样性更重要。[88]在它们的产业分类中，生铁、玻璃器皿、轮胎和家具属于高运输成本和低替代弹性的部门，而电脑、电视、照相机和印刷机械属于低运输成本和高替代弹性的部门。他们使用统计模型估算出了国家规模对两类产业间贸易流差异的不同影响，他们发现，确实如母市场效应所预言的那样，与较小国家相比，较大国家在高运输成本和低替代弹性的部门往往出口更多。

尽管克鲁格曼（1980）的分析重在水平差异化产品，即，具有类似品质和其他不同特征的品牌，但母市场效应的原理也能被扩展至垂直差异化产品，即，品质不同的品牌。[89]这种扩展有助于解释数据的其他特征。特别是，富国与穷国间出口的单位价值的差异，这里单位价值被定义为收入除以某一数量衡量，例如出口的单位数量（比如笔记本电脑的数量）或出口的重量（比如小麦的吨数）。在同一产品分类中，与穷国出口的产品相比，富国倾向于出口具有更高单位价值的产品（参见Schott，2004）。该发现符合富国出口更高品质的产品这一点。由于富国的富人相对更多，而与穷人相比，富人倾向于消费品质更高的产品，因此母市场效应导致富国出口品质更高的产品。换句话说，为什么即使当富国在生产高品质产品上没有技术优势时，也可能在这些产品方面具有比较优势，母市场效应对此提供了一种解释。

新贸易理论使引力、产业内贸易和母市场效应合理化，也使取决于部门要素密集度和出口国相对要素丰裕度之间的互动的贸易流估计合理化，这些估计是要素比例理论的核心。在前面的章节中，我们讨论了赫克歇尔-俄林的要素比例理论和建立在其观点之基础上的实证分析。回想那些将重点放在该理论对贸易流要素含量预测上的实证分析工作（所谓贸易流要素含量是指体现在进口和出口中的各种投入服务），它们从对商品贸易的理论预测向要素含量贸易转变的主要原因是，在投入极少而产品很多的要素价格均等化世界中，理论没有得出关于部门贸易流的清晰结果。然而，该理论得出了关于贸易流要素含量的非常鲜明的预测，这种预测最初由瓦尼克

(1968) 提出。对于商品贸易预测无力的原因是，在投入极少而产出很多的情况下，一国的要素禀赋不能够唯一地决定其部门的产出组合。给定每单位产出所使用的投入比例，有许多方式来配置部门产出水平以确保该国资源的充分利用。隐含的意思是，当产出水平不是以独一无二的方式决定时，出口与进口也不会以独一无二的方式决定，因为净进口等于消费（吸收）和当地生产间的差额。

尽管理论上存在含糊之处，部门贸易流的实证研究还是发现，净出口与要素密集度之间存在系统相关性。例如，鲍德温（1971）发现，1962 年，美国的部门净出口与部门熟练劳动密集度正相关，与部门资本密集度负相关。尽管这种相关性不是建立在国家层面的要素禀赋、产业层面的要素密集度和贸易流这三者之间关系的基础上，因此不构成对要素比例理论的检验（参见 Leamer and Levinsohn，1995），但它们显示出符合该理论的有趣关系。在一篇重要的投稿中，若马里斯（Romalis，2004）指出了，如何通过将产品差异化纳入允许要素价格存在跨国差异的要素比例模型，正如多恩布什、费希尔和萨缪尔森（1980）所研究的那种，来协调这些冲突性因素。若马里斯利用该模型提出了一个方程，将一国部门出口与该产业的要素密集度以及该国投入的丰裕度联系起来。由此预期，一国在密集使用该国禀赋相对丰裕的投入的产业出口较多。由于产品差异化的存在，该国也在同一产业进口产品，并且其进口由该国贸易伙伴的出口组成，这些出口也符合类似关系。他进而使用 1998 年好几百个产业综合汇总的数据，估算了美国从 200 个贸易伙伴进口的超过 16 000 种商品的这些关系，其结果强烈地支持了理论预测。

图 4—5 展示了产业熟练劳动密集度和出口国在美国进口中所占份额这两者间的关系，一个是德国，另一个是孟加拉。[90]该图显示，产业的技能密集度越高，德国的份额越高，而孟加拉的份额随着该部门技能密集度的提高而降低。这正好是理论所预言的，因为相对于非熟练工人，德国具有相对高的熟练工人禀赋，而孟加拉具有相对低的熟练工人禀赋。

若马里斯的方法被纳恩（Nunn，2007）运用于法律实施制度对比较优势和贸易流的影响的研究中。[91]纳恩的出发点是关于中间品投入的专用程度会因产业而不同这一观测。在一些部门，大部分投入是仅用于特定产品的，在其他部门，只有一小部分投入是仅用于特定产品的。如果能够签订完备合同，非常详细地指定一种投入应该具备的所有特征，并且这些合同能够确定实施，那么投入的专用性在生产组织中不会导致困难。基于第 6 章中将讨论的各种成本考虑，一个企业将仍然需要决定是在内部生产一种投入还是将之外包，然而在任一种情况下都不存在因为考虑专用性而引起的激励扭曲。但是，在许多情况下事实并非如此，签订完备合同并且在法院实施会很难或根本不可能。因而在这些情况下合同是不完备的。[92]

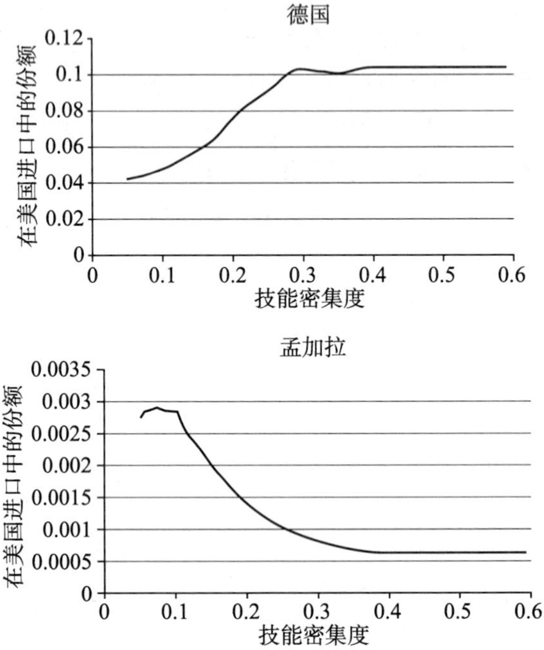

图 4—5　1998 年技能密集度和在美国进口中的份额：德国和孟加拉

资料来源：Romalis（2004，figure 1）.

当合同是不完备的，在法律制度糟糕的国家，那些契约对其来说十分重要的部门，例如仅用于特定产品的投入份额大的部门，将备受成本劣势之苦。因此，国家间在合同实施制度的质量方面的差异会影响它们在产业间的相对成本。由于在相对成本方面所存在的这些偏差，契约实施制度较好的国家有望在合约依赖型投入所占份额相对较大的部门出口更多。自然地，比较优势的其他决定因素，例如若马里斯（2004）所做的那些研究，仍然起作用，只是法律制度的质量为相对成本差异增加了另一个来源。

纳恩（2007）提出了针对众多产业的契约依赖型投入的重要性指数。利用这些指数，他接下来估计了大样本国家中每个产业的相对双边出口的若马里斯式方程。出口比率取决于两国间禀赋和法律制度质量这两方面的差异，其中每个方面都与部门密集度的相关衡量相互作用。特别是，人力资本相对可获得性方面的差异与部门的人力资本密集度相互作用，法律制度质量方面的差异与部门的契约密集度相互作用。按照他的估计，禽类加工、碾米、咖啡与茶的生产属于契约最不密集的产业，而气体压缩机制造、飞机制造和电子计算机制造属于契约最密集的产业。该研究的一个主要发现是，确实如理论所预期的，契约实施制度越好的国家，在契约密集部门的出口相对越多。而且，这些效应相当可观，在量级上大于资本与劳动禀赋结合起来所产生的影响。[93]

4.3　贸易获益的额外来源

在前面的章节中我们讨论了具有竞争性市场和规模收益不变技术的国家的贸易获益和分配性冲突。主要的观点是，在个体完全相同的情况下，贸易会提高每个人的福利，从这一点上说，这些类型的国家从贸易中获益，而如果个体不完全相同，那么获益者能够以一种使每个人的境况都更好的方式来补偿受损者。导致该结果的关键机制通过价格起作用：平均而言，贸易导致贸易状态下价格更高的部门扩张，导致贸易状态下价格更低的部门收缩。结果是，当一国与其他国家进行贸易时，能够负担得起在自给自足状态下的消费篮子，并因此达到更高的福利水平。

在存在外部规模经济的情况下，源自贸易的相对价格移动也能以类似的方式获益，除了在此情况下部门产出水平的变化会影响生产率，正如我们在 4.1 部分已经看到的那样。在此情况下，如果贸易没有导致该经济的 TFP 降低，或者即使 TFP 降低，也没有降低太多，那么贸易是有益的。贸易获益的充分条件因而是，在此经济中，规模报酬递增的部门平均说来是扩张的，或者收缩得不太多（参见 Helpman and Krugman，1985，pp. 64－66）。但是，正如最初由格雷厄姆（1923）所指出的那样，不能够在每一个国家确保该结果，因为贸易能推动一些国家专业化于无规模经济的传统部门。然而，该负面效应能在一定程度上被一个事实所抵消，即，在一个国家间相互进行贸易的一体化世界中，利用报酬递增的技术，生产的集中可以提高生产率并降低制造成本，因为在贸易世界中的销售比在单一国家中多得多。因而，即使一个报酬递增行业是坐落在国外，它的商品仍然能够通过低价进口获得，进口价格可能比该国消费者在自给自足状态下支付的价格低得多。换句话说，尽管在这种世界中，我们不能够确保每个国家从贸易获益，但确实存在使获益变为可能的力量，并且贸易获益可能比在无规模经济的世界中更大。

类似的观点适用于存在产品差异和企业层面规模经济的情况，这种类型在前面的部分讨论过，除了在此情况下对生产率变化的产出的相关衡量不在部门层面，而在企业层面这一点。即，全要素生产率的提高要求每个企业产出的扩张，而不是每个部门。而且，可获得的多样性的变化会产生福利效应，因为更广泛的多样性选择是有益的，与生产率结果无关。出于这些原因，贸易对福利的总影响包括传统的相对价格效应、生产率效应和多样性效应（参见 Helpman and Krugman，1985，chap. 9）。再次重复这一点，我们不能够确保贸易使所有的国家获益，特别是如果国家相互间存在显著差异时更是如此，但是存在推动各个国家获益的强大力量。首先，因为每个企业都服务于整个世界经济，很有可能一个产业中代表性企业的产出在贸易状态中比在自给自足状态中更高，在此情况下贸易会提高 TFP。其次，因为每个部门的多样性能够从全球所有生产者处获得，很有可能在贸易状态下可获得的多样性比在自给自足状态下更多。而即使这些正向影响渠道中的某一种不起作用，例如，在某些产业中每个企业的产出降低，但通过其他贸易收益来源，仍足以弥补这一差额。

多种贸易获益渠道的存在能够缓和不同收入来源间的利益冲突，例如不同生产要素的所有者。我们在前面的章节已经看到，在具有规模报酬不变技术的竞争性世界里，分配性冲突不可避免。在缺乏补偿机制的情况下，一些生产要素必定从贸易获益，而其他受损。正如克鲁格曼（1981）所指出的，这种情况不一定在产品差异化和企业特定规模经济的情况下发生。特别是，多样性的增长能够补偿要素所有者在相对收入方面的降低。作为例子，考察一个用劳动和资本生产商品的世界。那么，在缺乏产品差异化和规模经济的情况下，贸易开放提高了一国相对丰裕生产要素的真实收入，降低了一国相对稀缺生产要素的真实收入。在此情况下，当一个资本相对富裕的国家融入世界经济时，会看到资本所有者真实收入的增长。但如果存在产品差异，且贸易导致了多样性的增加，那么工人可能也会从贸易中获益，尽管比例上低于资本所有者。当国家在相对要素禀赋方面的差异不太大时，这种收益是能够确保的，但如果它们每个工人的资本数量差别很大，结果就难说了。

就产业内和产业间国际贸易的广泛模式而言，垄断竞争模型有助于将理论和实际联系起来。本章对这些模式及其理论基础进行了评述。下一章将更详细地考察产业内贸易结构和生产的国际组织。

第 5 章　产业内企业间

将规模经济和垄断竞争融入传统贸易理论是一项重大的学术成就，它提供了更好地理解世界贸易结构的框架。正如我们在前面章节所看到的，这种方法强调一国可获得的产品范围的重要性，它暗示了比较优势的新来源，并且其实证预测能从数据中得到支持。

尽管这些来自 20 世纪 80 年代的贸易模型具有合乎我们意愿的特征，但它们没有为一系列 20 世纪 90 年代出现的、根据新的企业层面数据集所得出的实证发现提供足够合理的解释。这些发现与产业结构的一个关键特性相联系，即，在一个有代表性的产业内，企业在规模、生产率、投入组成、工资和对外贸易的参与方面有着巨大差异。而且，贸易企业与非贸易企业间存在系统性差异，在多个国家拥有生产工厂或分销店铺的跨国公司也存在系统性差异。这些发现将对外贸易和外国直接投资模式的变化趋势相结合（将在第 6 章讨论），引发了关于贸易理论的又一重新思考，我将在本章对此进行讨论。

5.1　出口企业与非出口企业

在 20 世纪 90 年代，许多研究通过考察产业内企业的特征来估计这些企业在贸易地位方面的差异程度。伯纳德和詹森（Bernard and Jensen，1995，1999）最早用美国数据研究该问题，之后其他国家也开始了相关研究，包括加拿大、哥伦比亚、法国、墨西哥、摩洛哥、西班牙和中国台湾。[94]这些研究发现，只有一小部分企业出口，出口企业相对于非出口企业规模更大且更有效率，并且出口状况一般会持续下去。最后这一点被解读为，它表明了出口的高沉没成本，即，想要渗透到外国市场的企业必须承担可观的特定市场设立成本以在该市场销售。[95]达斯、罗伯茨和悌伯特（Das，Roberts and Tybout，2007）估计这类成本对哥伦比亚的小生产商而言超过 40 万美元，对大生产者而言稍微低一些。

表 5—1 显示了制造业部门中出口企业的数据。数据显示，在美国只有 18%的制造业企业出口，在法国、日本、智利和哥伦比亚，情况与此类似。然而在挪威，该部分显然大得多，近 40%的企业出口。而且，出口商的份额在不同产业差异很大，在一些产业要高于表 5—1 所报告的平均数，而在另一些部门则要小得多。例如在美国，仅 5%的企业参与印刷及相关支持产业的出口，7%的企业参与家具及相关产品出口。另一方面，有 33%的机械制造企业出口以及 38%的计算机和电子产品企业出口。

表 5—1　　参与出口的制造业企业的比例

国家	年份	出口企业所占比例（%）
美国	2002	18.0
挪威	2003	39.2
法国	1986	17.4
日本	2000	20.0

续表

国家	年份	出口企业所占比例（%）
智利	1999	20.9
哥伦比亚	1990	18.2

资料来源：WTO（2008，table 5）.

出口企业比非出口企业的规模大得多且生产率也高得多。在美国，出口商雇佣的工人数大约两倍于非出口商，它们的总销售额也大约是非出口商的两倍。此外，出口商每个工人的价值增值比非出口商每个工人的价值增值高11%，出口商的TFP超过非出口商3%。[97]并且，正如能从表5—2所看出的，出口高度向大企业倾斜。在美国，前1%的出口商在海外销售美国制造业出口的80%，而前10%的出口商在海外销售美国制造业出口的96%。在比利时、法国、德国、挪威和英国，前1%的出口商的出口份额低于美国企业，但是仍然可观，在42%～59%之间。且在这些国家中，前10%的出口商控制80%～91%的出口，确实是非常大的份额。最后，出口商在母国市场出售它们产出的大多数，仅出口它们总销售的一小部分。例如，2002年，美国制造业的出口企业向外国市场的交货量平均占交货总值的14%，但不同产业这一占比也不相同，在7%～21%之间波动。[98]

表5—2　　制造业出口企业的出口份额（%）

国家	年份	前1%的出口企业（按企业规模）	前10%的出口企业（按企业规模）
美国	2002	81	96
挪威	2003	48	84
法国	2003	44	84
日本	2003	59	90
智利	2003	53	91
哥伦比亚	2003	42	80

资料来源：WTO（2008，table 6）.

为了解释数据的这些特点，梅里兹（Melitz，2003）提出了一个从根本上改变贸易理论的理论模型。为了说明，我会讨论其框架的一个简化版本，也就是说出主要观点背后的经济学直觉。考虑一个在垄断竞争条件下生产差异化产品的部门，正如以前的章节所描述的。然而不同于以前的章节，现在假定进入一个产业的企业面临其 TFP 的不确定性。即，一个企业承担包括开发其品牌和制作该产品的技术在内的进入成本，但仅在事后，也就是承担了该成本后，企业才会发现其生产率是高还是低。企业因而会形成对进入之后的盈利情况的预期，并且只要企业预期利润高到足以支付其进入成本，企业就会进入。而且，这种进入要直到预期利润正好等于进入成本时才会停止。显然，考虑到进入风险，该状况与钱伯林的大组情况下自由进入条件是吻合的。

为了形成关于进入盈利性的预期，一个企业需要形成关于其在不同生产率水平下的利润预期，并且为此需要形成针对每个生产率水平的商业策略。特别是，企业需要搞清楚，在何种生产率水平，企业最好还是放弃进入成本并关闭商店；在何种生产率水平，企业能通过向国内消费者销售挣钱；在何种生产率水平，企业能通过出口挣钱。[100] 梅里兹（Melitz，2003）假定企业如果停留在该产业必须承担生产的固定成本，如果选择在海外销售其产出的一部分，企业必须承担额外的出口固定成本，如同实证证据所表明的那样。而且出口产生可变贸易成本，这些成本可能来自于运费和保险费，来自于目的国的关税，或者来自于其他的贸易障碍。在这些情况下，我们能用图 5—1 表示在进入成本已经沉没后停留在该产业的盈利情况。

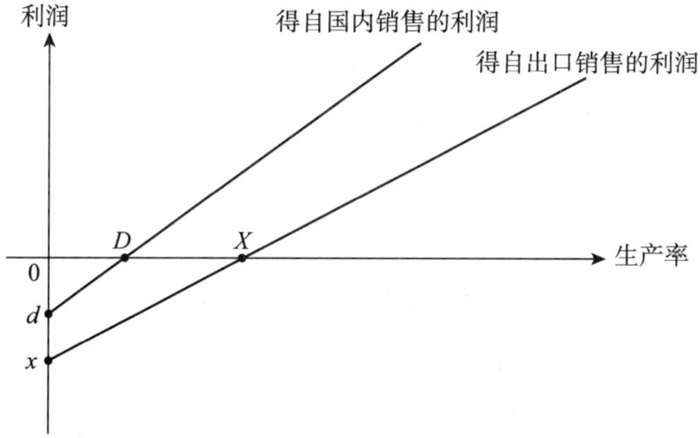

图 5—1　不同生产率水平企业的利润

图中上面的那条曲线描绘了得自国内销售的利润，即，收入减去可变生产成本减去固定生产成本，是企业生产率的一个方程。效率越高的企业在国内市场越有利可图。生产率为零的企业不会生产，但只要它停留在该产业就必须承担生产的固定成本。因此，当生产率为零时，利润为 d 点处的负值，低于水平轴。点 d 与水平轴间的距离代表生产的固定成本。随着企业的生产率提高，这些利润增长，并且在点 D 利润为零。利润继续随着生产率增加，在 D 右边的所有生产率水平利润为正。

图中较低的曲线描绘了得自出口销售的利润。对于零生产率的企业而言，利润也为负，水平轴和 x 点间的距离代表出口的固定成本，这是企业在固定的生产成本之外还必须要承担的成本。得自出口销售的利润随着生产率而增长，在点 X 变成零，并且在 X 点右边的生产率水平继续增长。它遵循着一点，即生产率在 X 左边的企业出口会赔钱，而生产率在 X 右边的企业出口销售会赚钱。这些利润曲线的位置确保 X 在 D 的右边。这不是偶然，X 在 D 的右边符合与实证一致的产业结构模式。

在图 5—1 中，生产率水平在 D 左边的企业既不能从国内销售中也不能从出口中赚钱，它们来自上述每种活动的利润都是负的。它们的最佳策略因而是退出该产业以避免承担生产的固定成本。该策略导致零利润，尽管只有在牺牲了进入成本之后。生产率在点 D 和 X 之间的企业选择了不同的策略，它们从国内销售获得利润，但是因出口销售赔钱。因此，它们通过供应国内市场而不是外国市场来最大化利润。即，它们选择停留在该产业且不出口。最后，生产率在 X 右边的企业既从国内销售中也从出口中赚钱。因此，它们的商业策略是同时供应国内市场和外国市场。简而言之，在这类产业中，生产率最低的企业选择退出，中等生产率的企业选择仅对国内消费者销售，最具生产效率的企业选择对国外和国内消费者销售。这种排序符合实证证据，即只有一小部分企业出口，出口商仅对外国消费者出售它们的部分产出，出口商比非出口商规模更大且生产率更高（它们更大是因为更高生产率的企业雇佣更多工人，生产更多产品，因此收入更高），出口销售的分布偏向较大的企业（因为更大的企业出口更多，因此得自出口销售的收入更高）。从该分析可以清楚地看出，梅里兹提供了对这些事实的简单而令人信服的解释，尽管他的模型没有解释为什么出口商比非出口商支付的工资更高（在该理论框架中所有的企业支付同样的工资）。我们将在后面看到，该模型的修正版本也会得出这一工资预期。

对贸易自由化的研究一再发现，为了应对贸易障碍减少而进行的资源重新配置，其中许多发生在产业内而不是产业间。巴拉萨（Balassa，1966，1967）最先提到，欧洲共同市场的形成，并没有如传统贸易理论所预测的那样导致产业间资源的重大重新配置，欧洲共同市场是目前已经扩张了许多的欧盟的前身。他敏锐地观察出了如下情况：

> 关于关税削减对资源配置以及产业内相较产业间所具有的优势，在工业化国家之间进行贸易的制成品的专业化是一项至关重要的考虑。随着一国在消费品、机械和中间产品方面的产品差异化达到一个更高的水平，贸易自由化不会如传统教科书所假定的那样导致资源从进口竞争产业向出口产业大规模转移，而是导致单个产业的产品组成发生变化……
>
> 然而，在国际交换主要由国家间相对成本的差异决定的标准化产品的情况下，关税削减会导致资源在产业间转移。（Balassa 1967，p. 93）

甚至更尖锐一点说，近来使用详细的企业层面数据对贸易自由化的研究，例如悌伯特和韦斯特布鲁克（Tybout and Westbrook，1995）对墨西哥的研究，派韦希尼克（Pavcnik，2002）对智利的研究，以及柴夫勒（2004）对加拿大的研究，发现了产业内大规模的市场份额从低生产率企业到高生产率企业的重新配置，以及低生产率企业的退出。产业内的这些转变能被该模型解释吗？回答是肯定的。

考虑一下贸易障碍的削减。这削减了出口的可变成本，于是，得自出口销售的利润上升，图 5—1 中较低的曲线向上移动。出口企业盈利能力的提高伴随着它们产出和出口销售的扩张，这导致市场份额从不出口的国内企业转移到出口商。由于出口企业的扩张提高了对国内生产要素的需求，并且，在多边贸易自由化的情况下，也使国内市场暴露在更多的外国竞争之下，国内市场的投入成本提高，每种产品的需求降低。这些变化侵蚀了所有企业的利润，但没有完全抵消掉出口商利润的提高。国内企业利润的减少降低了图中较高的曲线，这意味着一些生产率在点 D 的右边但是接近点 D 的低生产率企业，此前略微有利可图，而在新的环境亏损。这些企业因此关闭店铺，退出该产业。显然，贸易自由化导致生产率最低的企业退出，以及市场份额从低生产率国内企业向高生产率出口商重新配置，这些因素一起提高了该产业的平均生产率。这是一个重要的现象，因为它表明强大的经济力量通过提高部门生产率水平的方式在重新配置产业结构方面起作用。

这些影响大吗？1989 年的加拿大—美国自由贸易区（FTA）提供了一

个上佳范例，许多学者对此进行了广泛研究。根据柴夫勒（2004），1988年加拿大对从美国进口的商品所征收的平均关税是8.1%。而且，超过10%的关税适用于1/4的加拿大产业。美国这一方，关税则低得多，平均仅4%。柴夫勒获得了企业层面的数据，这使他能够很详细地研究该FTA对劳动生产率的影响。他发现，该FTA使加拿大制造业的劳动生产率提高了7.4%，这确实非常大，在受影响最大的进口竞争产业，生产率获益高达两倍。因为企业层面的生产率获益很小，所以这些收益中的绝大部分来自于促使高生产率企业的市场份额重新配置以及低生产率企业的退出。换句话说，加拿大的经验符合理论分析。

部门内的重新配置能与传统的比较优势力量联合起来进行研究。伯纳德、雷丁和斯科特（Bernard，Redding and Schott，2007）分析了一个两种投入、两个部门和两个国家的垄断竞争模型，其中每个产业内部都有不一样的企业以及固定和可变贸易成本。为了简化分析，他们假定要素比例在同一个部门内的活动间是类似的，但是在不同部门之间是不同的。[101]在这些情况下，贸易提高每个国家每个部门的TFP。而且，TFP的提高是由生产率最低的企业的退出和份额从低生产率企业到高生产率企业的重新配置所驱动。有趣的是，生产率提高不是在所有部门都一样，而是在每个国家显示出不同的偏差。特别是，在每个国家具有比较优势的部门，也就是投入中密集使用该国相对丰裕禀赋的部门，TFP按比例提高更多。这暗示着，生产率方面的更大获益发生在不同国家的不同部门。而且，该结果意味着，每个国家在具有相对更高生产率收益的部门净出口，所以可能看上去贸易是由比较优势的李嘉图力量驱动。然而在此情况下，李嘉图生产率优势产生于比较优势的赫克歇尔-俄林力量，这意味着，在特定投入上禀赋相对丰裕的国家正好也在密集使用该要素的产业具有相对更高的TFP。由此得出，在此世界中，要素比例型比较优势与相对生产率型比较优势密不可分。

5.2 量化评估

在第4章我们已经看到，明确认识多样性选择对贸易所做出的反应有助于解释各种实证现象和丰富我们关于对贸易自由化的经济调整的理解。这些调整在数量上是否重要仍然是一个未解决的问题。因为只有少数研究明确衡量了贸易的广度边际所导致的调整，所谓贸易的广度边际是指贸易产品多样性的数量变动所导致的那部分贸易，所以对这些效果的评估还仅仅是尝试性的。

正如我们在前面章节所讨论的，引力方程是国际贸易流实证调查研究的主要工具，它被用来估计诸如距离、货币区和自由贸易协定等变量对贸易的影响。当应用于大样本国家时，这种方法不能使用企业层面的数据（由于保密限制，这些数据不能从单个国家汇总），反而需要依赖国家—企业层面的数据集。在这种情况下，过去学者主要是通过改进他们的估算技术以提高估计的准确性，但是没怎么注意将广度从贸易的深度边际中区分开来。[102]然而，赫尔普曼、梅里兹和鲁宾斯坦（Helpman，Melitz and Rubinstein，2008）指出，有可能通过使用加总数据中以前往往没有利用的那部分，也就是关于零贸易流的观测，来独立估计贸易的深度和广度边际。基于此目的，他们提出了梅里兹（2003）模型的多国通用版本，该版本承认不同国家间在固定和可变贸易成本方面的差异，并且提出了一个两阶段估计步骤以估计该模型的参数。

赫尔普曼、梅里兹和鲁宾斯坦方法背后的主要想法是，企业对给定国家的出口量不取决于其固定出口成本。然而，出口决定确实取决于该固定成本。因此，如果没有出口，假定没有从德国到加蓬的出口，那就意味着即使生产率最高的德国企业，也不能靠在加蓬销售的收入扣除生产和出口的可变成本后弥补对加蓬的固定出口成本。考虑到两个国家间所有可能的双边出口流，我们因此能使用正流量和零流量间的差值来估计方程，该方程能提供使出口有利可图的临界生产率的信息。[103]这些生产率临界值反过来又提供了发现出口有利可图的那部分企业的信息。

然后，我们可以用该一阶段方程预测出口商部分，并利用这一预测结果在标准引力式的第 2 阶段方程中分别估算各种贸易障碍或贸易促进措施对贸易深度边际和广度边际的影响。赫尔普曼、梅里兹和鲁宾斯坦发现，两个国家间的距离（一种贸易障碍）对贸易深度边际的影响大约是通常估计的 2/3，这意味着显著的偏离，并且他们在估算出的货币联盟（一种贸易增强措施）的影响中也发现了类似的偏离。重要的是，这些偏离在诸如发展水平等方面具有不同特征的国家间存在显著差异，因为贸易广度边际的影响在某两个国家与另外两个国家之间差异巨大。例如，距离对贸易流的总体影响在高人均收入的两个国家间趋向于最小，在低人均收入的两个国家间趋向于最大。在一个国家人均收入高而另一个国家人均收入低的两个国家间，该影响中等。更具体地说，距离对出口的最大影响大约是最小影响的 3 倍。换句话说，标准估计不仅高估了贸易深度边际的作用，还在贸易对障碍和增强措施的敏感性分析中忽略了异质性这一重要来源，异质性由贸易的广度边际所驱动。

巴里斯特瑞、黑尔拜瑞和拉瑟福德（Balistreri，Hillberry and Rutherford，2008）建立了一个精巧的国际贸易模型，该模型将世界划分为 9 个地区和 7 个部门。表 5—3 描绘了这些地区。部门包括农业、制造业、能源业和服务业，但只有制造业被模型化为包括垄断竞争和异质性企业的部门。除了在制造业部门中包括企业异质性和垄断竞争以外，该模型还假定市场是竞争的，是一个在贸易政策分析中通常使用的“标准”模型。巴里斯特瑞、黑尔拜瑞和拉瑟福德因而能比较两种可供选择的设定下贸易政策的影响：一个是在制造业不存在企业异质性（标准表达），另一个是存在企业异质性。那么结果之间的差异就可以归因于企业异质性和贸易的广度边际。

表 5—3 报告了制造业关税削减 50%引致的总（所有人的合计）福利收益。出口品相对于进口品的价格变化，即贸易条件，是一国福利收益或损失的重要来源，特别是在缺乏企业异质性的情况下。当可出口品的相对价格上升时一国获益，下降时一国受损。由于企业异质性，制造业中企业平均生产率的变化和可获得的品牌数量的变化会导致额外的福利效应。

表 5—3　　得自制造业关税减半的福利收益（%）

地区	没有企业异质性	有企业异质性
中国	0.3	1.3
北美	−0.0	0.0
拉美	0.1	0.5
欧洲	0.1	0.2
东欧与前苏联	−0.1	−0.3
日本、韩国和中国台湾	0.1	0.3
亚洲其他地区	0.3	1.1
澳大利亚和新西兰	0.4	1.4
世界其他地区	−0.2	−0.7

资料来源：Balistreri，Hillberry and Rutherford（2008，table 8）.

为了测算这些福利变化的大小，记住一点很重要，在数据中，制成品仅占总产出的 25%，只有 15%的制成品进行跨区域贸易，制成品的平均关税是 9.3%。因此，在该表所报告的情况中，关税削减较少，平均不到 5%，且只应用于 1/4 的产出。在此情况下，表 5—3 所报告的福利效应是巨大的。首先，绝大多数区域从贸易自由化中获益，尽管仍有一些受损：在传统设定中，东欧损失 0.1%，世界其他地区损失 0.2%。在有异质性企业的设定中，这些地区的损失甚至更多，东欧损失 0.3%，而世界其他地区损失 0.7%。然而，简单平均收益在有企业异质性的情况下大约是原来的 4 倍那么高：0.422%对 0.111%。对中国、拉美、亚洲其他地区以及澳大利亚和新西兰而言，收益差异特别大。对中国而言有企业异质性和垄断竞争情况下的收益是原来的 4 倍那么高，对拉美是 5 倍那么高，对亚洲其他地区是几乎 4 倍那么高，对澳大利亚和新西兰是超过 3 倍那么高。

尽管产品差异化和企业异质性引入了贸易和贸易自由化获益的新渠道，但这些获益的程度却高度不确定。[105] 通过一些措施，外国供应者对国内市场的渗透会以一种能够完全抵消潜在福利变化的方式影响国内进入，使得收益取决于在世界贸易总量中所占的份额，而不是取决于产品差异化程度。阿科拉克斯、戴米多瓦、克莱诺和罗德里格斯-克莱尔（Arkolakis，Demidova，Klenow and Rodríguez-Clare，2008）通过分析一部门经济得出了这个结果，并且他们估计出哥斯达黎加得自贸易自由化的收益很低。[106] 但是他们模型的一部门结构限制性很大。例如，巴里斯特瑞、黑尔拜瑞和拉瑟福德（2008）模型有多个部门，因而他们制造业部门的贸易自由化导致该产业就业的扩张，这在戴米多瓦、克莱诺和罗德里格斯-克莱尔的一部门模型中不可能发生。这反过来有助于他们自己模拟中所显示的得自贸易自由化的、与产品差异相关的较大收益。目前，关于这些问题的争论还没有解决。

5.3　失业与不平等

我在本章和以前的章节已经讨论了许多国际贸易影响劳动市场、使劳动者获益或受损的机制。特别是，我们已经看到，如果一国出口是劳动密集型的，那么国际贸易有益于工人，但如果该国进口是劳动密集型的则不是这样（参见第 3 章）。并且我们已经看到，当产品差异化有助于贸易获益时，劳动和其他生产要素间的这类分配性冲突趋于缓和（参见第4章）。最后，我们已经看到，如果在产品差异化以外还存在企业异质性，那么国际贸易在进口竞争和出口产业均提高TFP（对比较优势部门的影响不成比例），由此引入真实工资方面获益的额外渠道（参见第5章，第1部分）。

这些讨论主要是有关充分就业经济的。然而，在许多情况下世界市场的变化会带来压力，导致一国就业机会和失业率的变化。这些变化可能是暂时的，限于经济体进行调整以适应新的外部环境的转轨期，也可能是更加持久的长期结构性变化。失业的临时激增是政策的一个主要关注点，劳动市场的结构性特征也是。例如，欧盟在1997年10月修订了其与阿姆斯特丹的协议，该协议中有一部分就是关于就业的，将就业政策置于优先地位。一个月以后，也就是1997年11月，欧洲理事会特别会议在卢森堡启动了欧洲就业战略，“提出的目的是鼓励所有成员国的信息交换和共同讨论，从而一起努力找到解决方案或最佳实践以有助于在每个成员国创造更多更好的就业机会。”[107]两年半以后，在于2000年3月在里斯本举行的欧盟理事会会议期间，各国首脑启动了里斯本议程，用来使欧盟“……成为世界上最具竞争力和最具活力的知识型经济体，拥有更多更好的就业机会以及更强大的社会凝聚力，能够实现可持续的经济增长……该战略被用来促使欧盟重新实现充分就业状态，并强化欧盟的区域凝聚力。”[108]欧盟到底需要做些什么来达到这些目标呢？例如，英国特别担心那些劳动市场缺乏弹性的国家，诸如法国、意大利和西班牙，并且英国一直在促进劳动市场改革。为了评价这些政策，有必要在分析中引入劳动市场摩擦。

劳动市场摩擦可以表现为许多种形式。在一些情况下，当对劳动力需求疲软时，工资不降低。这可能是由于工会阻止工资下降的能力，或由于工人头脑中根深蒂固的“公平工资”概念。在其他情况下，关于可获得的工作或合格工人的信息高度不完全，这导致失业工人和工作空缺这两者共存的局面。在信息不完全的情况下，工人可能会等待更好的工作机会，企业可能会等待更合格的工作申请者。招聘对企业而言成本高昂，解聘也是如此。解聘成本经常来自政府或工会所要求的行政程序和离职金。简而言之，劳动市场摩擦是有多方面原因的。

劳动市场刚性在国家间差异巨大，正如表5—4所显示的对摩擦的3种衡量：招聘难度、小时刚性和解雇难度。表中国家按照这些刚性的平均指数排列。[109]按照这些数据，美国和乌干达劳动市场弹性最大，西班牙和摩洛哥刚性最强。显然，劳动市场摩擦在一些低收入国家和一些高收入国家低，并且也在一些低收入国家和一些高收入国家高。在欧盟成员国中，英国劳动市场摩擦低（显著低于 OECD 平均值），而德国、意大利和西班牙摩擦高（显著高于 OECD 平均值）。

表 5—4　　劳动市场摩擦指数（0～100）

国家	招聘难度	小时刚性	解雇难度
美国	0	0	0
乌干达	0	0	0
卢旺达	11	0	10
英国	11	20	0
日本	11	7	30
OECD	**27**	**30**	**23**
意大利	33	40	40
墨西哥	33	20	70
俄罗斯	33	40	40
德国	33	53	40
法国	67	60	30
西班牙	78	40	30
摩洛哥	89	40	50

资料来源：Botero et al.（2004）。在本表中报告的数字是指数，指数越高，代表刚性越强。指数下载于世界银行网站 http：//www.doingbusiness.org/ExploreTopics/EmployingWorkers/，2009 年 9 月 25 日获取。

实证研究表明，劳动市场摩擦的差异是失业的重要决定因素。例如布兰查德和沃尔弗斯（Blanchard and Wolfers，2000）认为，欧洲国家根据它们劳动市场的特征以不同方式对变化的经济环境作出反应。尼克尔、纳齐亚塔、欧克尔和奎恩提尼（Nickell，Nunziata，Ochel and Quintini，2002）认为，劳动市场特征的因时变化是 OECD 国家失业状况进展的重要决定因素。这些发现表明，贸易自由化可能对各个国家的影响不同，这要取决于它们劳动市场的状况。而且，一国劳动市场状况的变化会影响其贸易伙伴，并且贸易伙伴受影响的方式可能取决于该国自己的劳动市场。换句话来说，劳动市场摩擦影响贸易国家间的相互依赖。在本部分，我将探讨其中一些摩擦如何起作用。

尽管存在大量关于贸易和劳动市场摩擦的文献，但我比较关注工作搜寻和匹配方面的资料及观点，即，工人找到工作和企业填满空缺的难度，正如戴蒙德（Diamond，1982a，b）以及莫藤森和皮萨瑞德斯（Mortensen and Pissarides，1994）所提出的。[110]该方法被证明对于解释结构性失业十分有用，并且搜寻和匹配已经被证实会影响比较优势。[111]因为该方法被设计来处理结构性失业，所以其主要关注的是长期结果而不是短期波动或对经济状况变化的临时调整期。[112]

劳动市场的搜寻与匹配方法构想了这样一种情景，即企业发布空缺，工人寻找工作。劳动市场的摩擦阻碍了所有的空缺被填满和所有的工人找到工作。相反，空缺被填满的部分和找到工作的工人部分由匹配功能决定，该功能概括了市场中的情况，其中匹配的总数取决于空缺总数和寻找工作的工人的总数。在 2009 年 7 月，美国的空缺职位是 240 万，失业工人是 1 520万。[113]即，一方面是未填满的空缺，另一方面是工人寻找工作。尽管因为衰退，2009 年夏天失业数量巨大，但空缺岗位与失业工人并存是经济的永恒特征。[114]

赫尔普曼和伊特斯胡克（Helpman and Itskhoki，2010）考察了劳动市场摩擦对国家间相互依赖的影响方式。他们提供了一个可以分析诸如以下问题的框架：一国劳动市场摩擦对其贸易伙伴的影响是什么？或者贸易障碍的消除如何影响劳动市场摩擦不同的国家？出于此目的，他们提出了一个既生产同质产品也生产异质产品的两经济体模型，其中搜寻和匹配在每个部门都发生。工人在部门内搜寻预期收益最高的工作。因为工人是同样的，这意味着得自搜寻工作的预期收入在每个部门是同样的。企业进入每个产业并发布空缺。企业发布的空缺数量和寻找工作工人的数量决定（通过匹配函数）雇佣的数量。一个空缺被填满的可能性等于该产业合计新雇佣者与总空缺的比率。类似地，工人找到工作的可能性等于产业中合计新雇佣者与寻找工作的工人数量的比率。后一种几率提供了对劳动市场紧度的一种衡量，找到工作的可能性越高，劳动市场越紧。劳动市场的紧度在两个产业可能不同。这种不同来自发布空缺的成本不同或匹配过程的效率水平不同，[115]并导致了部门间雇佣成本和失业率的差异。[116]

部门失业率的差异是一个重要的经验现象。根据劳工统计局的数据，

2008年美国的失业率是：采矿业3.1%，建筑业10.6%，制造业5.8%，批发与零售贸易5.9%，交通与公用事业5.1%，金融活动3.9%，专业和商业服务6.5%，教育和健康服务3.5%，休闲和度假8.6%，其他服务5.3%，农业和相关的个体户工作9.2%。[117]当部门失业率不同时，部门间工作搜寻模式的变化影响总失业率。

在匹配过程后，每个企业与其工人就工资进行讨价还价。[118]因为雇佣过程和寻找工作的成本都很高，企业与其工人均具有讨价还价的能力。这导致工资率等于工人的雇佣成本。由于在给定产业中，每个企业的雇佣成本相同，因此在这样的产业中每个企业支付相同的工资率。这意味着，不同部门的高生产率企业和低生产率企业均支付相同的工资率。

正如梅里兹（Melitz，2003）中所言（在5.1部分讨论过），企业先支付进入成本，此后才发现自己的生产率如何。接下来，企业可以选择退出，或者停留并仅供应本国市场，或者停留且供应国内外市场。根据其生产率和所希望的商业战略的不同，企业选择公布空缺以雇佣工人。由此而论，工资等于雇佣成本意味着，所有企业，不管它们的生产率如何以及是选择仅供应国内市场还是也出口，最终都支付同样的工资率。在这些情况下，工人对在高生产率还是低生产率企业工作无所谓，对在出口还是非出口企业工作也是如此。而且，存在生产率临界点，低于该点，企业发现退出最有利可图；也存在更高的生产率临界点，高于该点，企业发现出口有利可图；而在这些临界点之间，企业发现留在该产业但仅供应本国市场有利可图，正如图5—1所描绘的那样。

在此设定下，两个国家在同质产品部门有同样的雇佣成本，然而在差异化产品部门可能有不同的雇佣成本，这取决于这两个部门劳动市场摩擦的相对水平。假定除了劳动市场摩擦之外，国家是同样的，那么意味着在差异化产品部门雇佣成本更高的国家净进口差异化产品，出口同质产品。在差异化部门更低的雇佣成本导致了在差异化产品上的比较优势。

与梅里兹（2003）的研究类似，可变贸易成本的削减会提高两个国家在差异化产品部门的TFP。然而，设法在本国差异化产品部门减少劳动市场摩擦的国家会提高其自身在该部门的TFP，但是却降低了贸易伙伴在差异化产品部门的TFP。直觉上，差异化产品部门劳动市场的摩擦更低会减少雇佣成本，使得该部门在世界市场更具竞争力。这暗示着，它们使得贸易伙伴国的同一部门竞争力降低。因此，竞争力的改变转化为生产率的改变。

最后的结果展示了国家间通过劳动市场摩擦而相互联系的一个重要渠道：一国劳动市场的状况影响其贸易伙伴的经济表现。在欧盟就业战略的背景下，这意味着一国劳动市场改革，例如法国，可能会伤害其他国家，例如西班牙或英国，即使这些改革提高了法国的生产率。

一国降低劳动市场摩擦不仅影响生产率，也影响福利水平。在此经济环境下改革国的福利提高，其贸易伙伴的福利降低。这与差异化部门可变贸易成本降低使每个国家获益形成对照。[119]然而，以共同速度协调削减两国差异化产品部门的劳动市场摩擦使这两个国家均获益。

劳动市场刚性在导致失业方面起着主要作用。我们已经提到，特定产业的失业率受其劳动市场紧度的影响，紧度反过来又取决于该部门的劳动市场摩擦。一个部门失业率越高，其劳动市场刚性越强。该经济的整体失业率等于部门失业率的加权平均，其中将一个部门中搜寻工作的工人部分作为部门权重。因而一个经济体的失业率之所以会改变，或者是因为其部门失业率改变，或者是因为部门间工人分布状况的改变。后者反过来取决于工人在不同产业可获得的就业机会。

该论证的一个含义是，不影响部门失业率的贸易改革，只有当它导致两个部门对工人搜寻工作的相对吸引力改变时，才会改变总体失业率。特别是，降低差异产品部门可变贸易成本的贸易改革会吸引更多工人进入该产业。在劳动市场摩擦类似的贸易国，当且仅当差异产品部门的劳动市场紧度低于同质产品部门的劳动市场时，每个国家的总失业率才会提高。

在高度不对称的经济体间，失业率的决定因素更多。图 5—2 和图 5—3 展示了两个贸易国的整体失业率因其中一个国家可变贸易成本改变和劳动市场摩擦改变而发生的变化。[120]在这两幅图中，粗线描绘了差异产品部门劳动市场摩擦较高国家的变化，例如法国，而细线描绘了差异部门劳动市场摩擦相对较低国家的变化，例如英国。图 5—2 描述了随着可变贸易成本上升，法国的失业率提高而英国降低的情况。而且，该图还显示，当可变贸易成本高的时候（在 A 点的右边），高摩擦国比其贸易伙伴的失业率更高，而当可变贸易成本低的时候（在 A 点的左边），比其贸易伙伴的失业率更低。显然，更高的失业率不一定反映了更高的劳动市场摩擦。

在图 5—3 中，水平轴衡量摩擦较高国家差异产品部门的摩擦。在 A 点，两国在两个部门摩擦相同，而在 A 点右边，差异产品部门摩擦提升的国家成为高摩擦国家，其贸易伙伴的摩擦没有改变。显然，在 A 点，两国有同样的摩擦，也有同样的总失业率。随着高摩擦——国法——国摩擦的提高，其失业率起初提高，后来降低，呈驼峰形。在英国，失业率持续提高。而且，只要英法两国劳动市场摩擦的差异不太大（二者都在 B 点的左边），法国的失业率就比英国高。然而如果摩擦差异大，即在 B 点的右边，法国失业率较低。我们看到，失业率并没有反映一国劳动市场摩擦，即在高摩擦国，失业率可能较高，也可能较低。

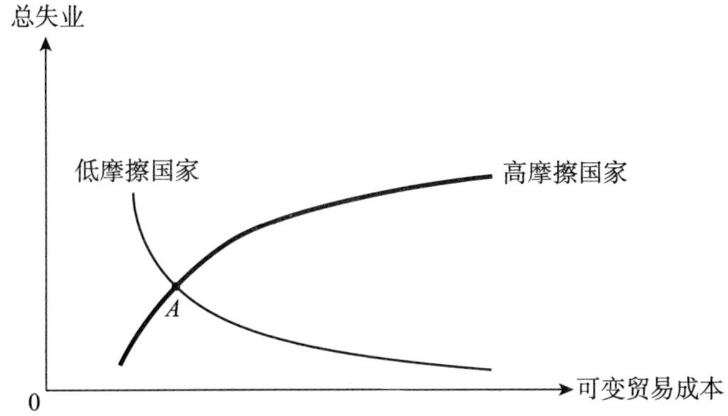

图 5—2　一国总失业因可变贸易成本提高而发生的变化

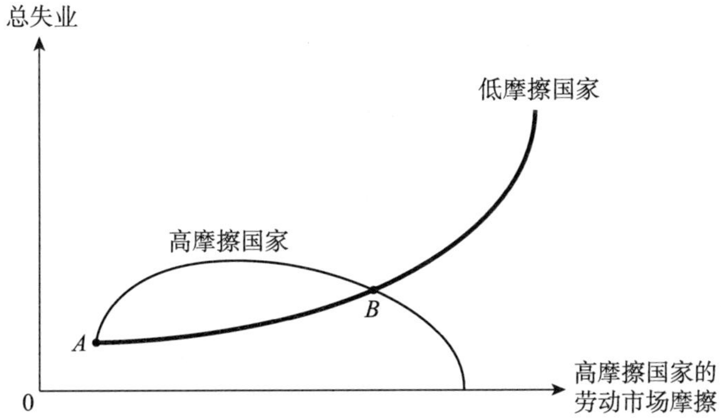

图 5—3　一国总失业因高摩擦国家差异部门劳动市场的摩擦提高而发生的变化

法国失业率的驼峰形来源于一个事实，即，根据假定，法国差异部门比同质部门的失业率更高。因而法国差异部门劳动市场摩擦的提高会提升部门失业率，但也减少了该产业中搜寻工作的法国工人的数量。前一个效应提高经济整体失业率，而后一个效应降低失业率。总而言之，起初前一个效应占主导，而最终后一个效应占主导，从而导致驼峰形。在英国，失业率提高是因为该国部门失业率不变，但是法国劳动市场摩擦提高使英国的差异产品部门更具竞争力，因为在英国的差异产品部门有更多的工人搜寻工作。由于根据假设英国的部门失业率在差异部门比在同质部门高，因此这一劳动重新配置提高了英国经济的整体失业率。

从本讨论可以得出一些结论。第一，尽管贸易或贸易自由化可能对一国失业率造成不利影响，但失业率提高并不反映福利损失。也就是说，即使一国失业增加，该国总福利也能提高。第二，在跨国比较中，失业率不一定与福利负相关，较高失业率的国家能有较高的福利。第三，失业率的跨国差异不一定与劳动市场摩擦的差异正相关，劳动市场摩擦较高的国家也有可能失业较低。布兰查德和珀特高尔（Blanchard and Portugal，2001）对美国和葡萄牙所做的比较清楚地显示了这一点。尽管美国劳动市场摩擦系统性地低于葡萄牙，但后者的失业率在一些时期高于美国，在另一些时期低于美国。第四，当劳动市场摩擦降低提高一国福利时，这种削减可能降低或提高其失业率。最后，一国劳动市场摩擦的削减会对其贸易伙伴的生产率和福利造成负面影响，然而，两个国家劳动市场摩擦的协调削减对两个国家都有利。最后这一点对政策评估有特殊的意义，例如推动一些欧盟国家，不一定是所有欧盟国家，提高劳动市场弹性。

迄今为止，我都假定所有工人是一样的，这导致在给定部门内对所有工人的工资支付都相同。特别是，在差异产品部门，不同生产率水平的企业也支付同样的工资。在本章余下的部分，我将考察当同一个部门的工人被支付不同工资时，贸易对不平等的影响。在第 3 章，我们讨论了贸易对不同生产要素（例如资本和劳动，或者熟练和非熟练工人）的影响。这里，我们转而关注贸易对具有类似特征工人的不同影响，即群体内不平等。本讨论是基于赫尔普曼、伊特斯胡克和雷丁（Helpman，Itskhoki and Redding，2010a）的研究。我之所以对贸易对工资的不平等影响有兴趣，有两个主要原因。首先，劳动经济学家的研究已经表明，在具有类似特征的工人间，工资不平等程度是很高的[121]，了解贸易是否影响这类工资的分布很有趣。其次，20 世纪 80 年代和 20 世纪 90 年代早期所观察到的工资不平等程度上升的现象笼罩了发达国家和发展中国家。[122]因而，当通过要素比例理论来考察该证据时，难以说贸易自由化对工资不平等程度的提高有重要影响，因为该理论预测出的贸易自由化对发达国家和发展中国家的工资不平等现象的影响是相反的。然而，如果贸易自由化会恶化相似工人群体内的工资不平等问题，那么我们就有可能用贸易自由化来解释这些数据。[123]

赫尔普曼、伊特斯胡克和雷丁（2010a）在几个方面扩展了赫尔普曼和伊特斯胡克（2010）的分析框架，以考察相似工人群体内国际贸易和工资不平等间的联系。特别是，他们引入了不同企业与不同工人间的与特定匹配相关的生产率差异。他们考虑了事前工人是一样的这一设定。然而，一旦工人与企业相匹配，工人与职位的匹配是随机实现的，并且这种匹配在工人间不同。而且，这种特定匹配关系的质量要直到企业花费资源筛选其潜在工人时才能被观测到。当工人能力间存在互补性时，承担筛选成本的激励特别强。也就是，企业整体劳动力的平均能力越强，工人对企业产出的边际贡献越大。在这些情况下，企业愿意在筛选方面投入资源，即使筛选程序仅提供关于工人的与特定匹配生产率相关的部分信息。因而，越具生产率的企业在筛选上投入越多，它们雇佣平均能力更高的工人，并且支付他们更高的工资。

该理论预期，具有类似特征的工人间的工资是不同的，而且存在所谓的"规模工资溢价"(也就是更大且生产率更高的企业支付的更高工资)，这是符合实际的（参见 Oi and Idson，1999）。而且，由于更大且生产率更高的企业出口，而较小且生产率较低的企业不出口，该理论预期出口商比非出口商支付的工资更高，这也符合实际（参见 Bernard and Jensen，1995，1999，and Bernard，Jensen，Redding and Schott，2007）。

在此经济环境中，贸易会提高每个产业内的工资不平等程度。更确切地说，当一国参与对外贸易时，如果只有一部分企业出口，那么这会提高工资不平等程度。另一方面，从一种贸易模式出发，部分贸易自由化可能提高或降低产业内工资不平等程度。当仅有一小部分企业出口时，工资不平等程度提高——这是实证上更相关的情况；当大部分企业出口时，不平等程度会降低。由于贸易自由化和工资不平等间的关系不一定是单调的，有可能在某种情况下贸易自由化会提高所有国家的工资不平等程度。这仅是一种理论上的可能性还是实证上的相关发现尚不清楚。

另一个有趣的含义是，不同匹配质量下贸易对工人的影响不同。匹配的质量越好，相似匹配质量的工人群体内的平均工资越高。[124]此外，匹配质量越低，具有相似匹配质量的工人群体内的平均失业率越高。因而，如果利用工资分布将工人平均划分为收入相似的组，例如分为分位数（5个规模相当的组），这些组按照平均工资排序，那么在这些分位数间平均失业率下降，符合实际（参见 Juhn，Murphy and Topel，1991）。这类关系在自给自足和贸易状态下均成立。然而，在贸易状态下更分散，当从较高收入者分位数移动到较低收入者分位数时，失业率增长更快，正如图 5—4 所显示的。[125]

我们已经在本章考察了贸易对产业内重新配置的影响，这些产业由具有不同生产率的企业构成。该理论被设计来与实证研究的各种发现相匹配，并且产生了对贸易、生产率、失业和不平等的新洞见。尽管细节详尽，但到目前为止分析局限于那些需要进行是仅供应国内市场还是也出口这一策略选择的企业，且不包括那些在外国收购子公司的企业。由于商业企业的跨国活动在最近的数十年来其重要性大幅提升，不仅以贸易的形式，还以更一般的外国直接投资和离岸的形式，下一章我们将讨论对更复杂的国际生产组织的专业化及相互依赖性的影响。

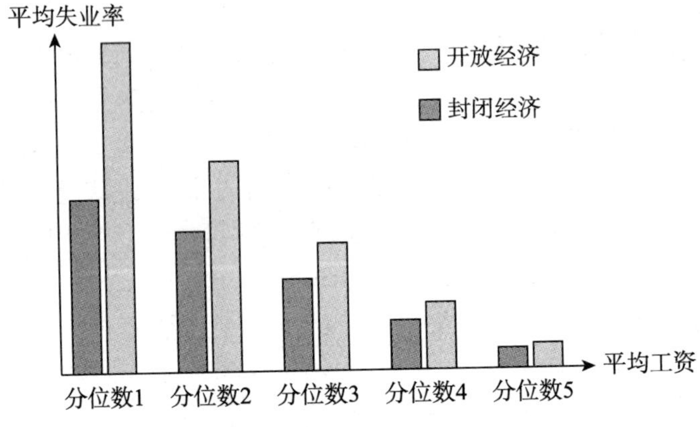

图 5—4　自给自足和贸易均衡情况下的失业率与工资之间的关系

第6章　离岸与外包

在前面章节中讨论的分析框架尽管非常丰富，但是漏掉了国际生产组织的因素，这一因素在最近数十年来变得突出。特别是，各企业之间和各国之间的生产过程碎片化现在比以往任何时候更盛行，并且这已经影响公司在本国和海外的采购策略。这些变化的直接原因是信息技术的发展，它极大地促进了通讯、电脑辅助设计和计算机辅助产品的生产。这些改进使生产者能将生产过程分割为不同阶段，这些阶段能在实物上和地理上相互分离，能坐落于同一国家的不同区域或不同国家。

为了以一种具有成本效益的方式适应这些新的技术，商业企业已经改变了它们的组织形式和管理实践。[126]特别是，生产各阶段对国内和外国供应者的外包已经极大地增长，这些活动在美国已经扩散至许多产业。[127]为了避免混淆，我使用“外包”（outsourcing）这一术语指代从非附属方获得商品或服务（所谓非附属方是指一个既不拥有该公司也不被该公司的商品或服务购买者所拥有的公司），且不取决于非附属供应者是位于本国还是海外。我使用“离岸”（offshoring）这一术语指代从外国采购商品或服务，可以是从附属或非附属供应者。按照后一个定义，生产各阶段的离岸，特别是中间投入品的生产，已经快速增长，这极大地扩张了世界贸易。例如，芬斯特拉和汉森（Feenstra and Hanson，1996a）发现，1972—1990年美国企业所购买的全部中间投入品中，进口的份额翻了一番以上，从5%到11.6%，坎帕和戈德堡（Campa and Goldberg，1997）发现加拿大和英国也有类似的趋势。[128]

跨国公司的外国直接投资（FDI）比世界贸易增长更快，2007年超过1.8万亿美元。[129]与商品和服务的贸易类似，FDI主要在发达国家间流动。2007年发达国家的FDI总流出相当于世界FDI流出额的85%，而且这些投资中超过1.2万亿美元涌入了发达国家。[130]但FDI只是一种资金衡量，并不必然能提供跨国公司对世界经济参与情况的良好近似。[131]其他测度，例如产出、就业和贸易，也显示出跨国公司的重要性。根据伯纳德、詹森和斯科特（2009），在他们2000年550万家美国企业（近似）的样本中，大约1.1%是参与对外贸易的跨国公司。这些企业雇佣超过3 100万名工人，占美国平民总就业的27.4%。而且，它们控制了美国进口的90%和稍微更高比例的美国出口。在进口方面，2000年美国约一半的贸易是企业内贸易，即，附属方之间的贸易。[132]而在出口方面，企业内贸易略低于1/3。[133]显然，美国跨国公司在就业和对外贸易方面扮演着重要角色。

为了理解复杂且多变的贸易流模式，我们有必要理解，为什么一些企业出口而另一些通过外国子公司供应外国市场；为什么一些企业离岸它们的部分价值链，而另一些不这样；为什么在离岸的企业中，一些使用无所属关系的供应商，而另一些使用附属的供应商。换句话说，我们需要理解，为什么一些企业选择外包某些生产部分，而另一些选择一体化，并且当他们选择外包或一体化时，为什么一些选择留在本国，而另一些前往海外。当一家汽车制造商在本国外包一种零部件的供应，例如汽车引擎时，该决定并不直接影响对外贸易。[134]但如果该汽车生产者转而将引擎供应外包给外国，这就直接影响对外贸易，并且这些进口被视为无所属关系的企业之间的贸易。换句话说，如果汽车生产商生产自己的引擎，那么它还需要决定是在本国生产还是在外国生产。如果在本国生产引擎，这不直接影响对外贸易；但如果它在外国建立自己的工厂，在那里生产引擎，并将之进口回在本国的组装厂，那么这就直接影响本国的进口。而且，这些进口被记为企业内贸易。

当汽车生产商生产自己的引擎并将其中部分出售给其他汽车生产商时，还可以通过其他途径影响对外贸易。当引擎在母国生产并将部分卖给外国汽车生产商时，这些销售直接增加了母国的出口。或者，当引擎在外国生产并运回母国供母公司使用或出售给在母国的其他汽车生产商时，这些运送的货物提高了母国的进口，前者提高了企业内贸易而后者提高了关系型贸易。而且，外国子公司也能向在第三国的汽车制造商出口引擎，从而增加东道国的出口，所谓第三国指的是除母公司所在国以外的国家。

显然，外国直接投资会以复杂的方式促进对外贸易，使得贸易与FDI相互依赖。一方面，FDI模式影响贸易模式。另一方面，不同形式FDI的盈利能力取决于各种贸易选择的盈利能力。因而企业的多国一体化战略选择取决于贸易机会。在这些情况下，贸易和FDI变成了不能分离的双胞胎。

6.1　离岸

从20世纪70年代晚期到20世纪90年代中期熟练工人相对于非熟练工人工资的长期增长引发了关于其原因的争论。相对工资在美国增长得最为显著，但在其他OECD国家也有所增长，特别是英国和新西兰。然而，这不仅仅是一个富国现象，这种转变也在欠发达国家发生。收入不平等因而在世界的许多地方扩大了。

争论的一方认为，扩大欠发达国家对国际贸易的参与这样一种全球化应对此结果负责。另一方则主张，全球化作用有限，技术变化才是罪魁祸首。有兴趣的读者能在赫尔普曼（2004，chap. 6）中找到关于这场争论的综述。既然离岸被认为是相对工资演进的促成因素之一，我在这里讨论一下离岸能以何种方式影响相对工资。

芬斯特拉和汉森（1996b）认为，FDI从富国向穷国的流动会导致这两个国家内工资不平等情况的加剧。他们观察到，现代生产过程必须有许多中间投入品（或生产阶段）才能生产一种最终产品。这些中间投入品的要素密集度不同。一些是高技能密集的，例如设计，另一些是低技能密集的，例如组装。当要素价格在一个富国和一个穷国间存在差异时，熟练工人的相对工资在富国更高。因而，如果要为中间投入品的生产从富国转移到穷国付费的话，成本上特别有效益的方式是转移价值链上低技能最密集的部分。因为与穷国中技能密集度最高的活动相比，在富国技能密集度最低的活动也会有更高的技能密集度，富国企业在穷国采购其技能密集度最低的中间品的策略会提高这两个国家对熟练工人的相对需求，这反过来会提高这两个国家熟练工人的相对工资。注意，该论证不要求FDI，仅要求富国企业在穷国从子公司或无所属关系的企业获得低技能密集型中间投入。[135]

为了考察该机制在实践中的可行性，芬斯特拉和汉森（1997）研究了美国在墨西哥的直接投资对墨西哥联营企业的影响，这些联营企业是为出口而设立的组装工厂。这种工厂的典型运作方式是从美国进口投入，将其组装成最终产品，并将这些产品运回美国。芬斯特拉和汉森发现，美国企业对美墨联营企业的FDI与墨西哥工资单上熟练劳动份额的提高正相关。而且他们估计，在FDI最集中的区域，20世纪80年代该工资份额的增长中大约有一半是由此导致的。

格罗斯曼和罗西-汉斯伯格（Grossman and Rossi-Hansberg，2008）提出了关于一部分价值链离岸的更精炼的理论。他们构想了一个由任务组成的生产过程，并且为生产最终产品需要实施各种任务。其中一些任务是熟练劳动密集型，而另一些是非熟练劳动密集型。每一个任务能在该企业的母国或海外实施，但是由于存在交通和通讯成本，因此在不考虑要素价格差异的情况下，离岸一项任务更加昂贵。在这些情况下，企业需要权衡离岸成本与在非熟练工人工资低的外国（例如中国和印度）实施一项任务所可能节约的成本。

特别有趣的是他们对一种情况的分析，在该情况中，离岸高技能密集型任务的成本高到无法成功进行离岸的地步，离岸低技能密集型任务的成本因任务而不同，也就是说离岸一些任务比离岸另一些任务成本更高。此时，最佳策略是离岸所有离岸成本低于临界值的任务，而将高于该临界值的所有任务在母国完成。在临界点，企业对于任务定点在母国还是海外则没有区别。

格罗斯曼和罗西-汉斯伯格考察了非熟练劳动密集型任务的离岸成本按比例降低会产生的影响，结果显示，影响可以分解为 3 种效应：生产率效应、相对价格效应和劳动供给效应。当离岸成本降低时，更多的任务将离岸，导致对母国低技能工人的使用更有效率。这产生了一种新奇的、类似于低技能工人生产率增长的效应，即生产率效应。另两种效应则更为常规。当较低的离岸成本导致在初始价格水平上产品的世界需求和世界供给间出现错配时，价格会进行调整以出清市场，相对价格效应出现。而劳动供给效应出现的原因是，由于一些最初在母国实施的任务被离岸了，较低的离岸成本减少了对在母国实施低技能密集型任务的低技能工人的需求，因而更多的劳动力能被派作其他用途。

在相对价格不变（例如当母国是小国时）且劳动供给效应不改变要素价格（例如当生产类似于两部门、两要素的赫克歇尔-俄林环境时）的情况下，仅存在生产率效应。由于在此情况下，较低的离岸成本提高非熟练工人的生产率且不存在其他对要素价格的压力，结果是非熟练工人的工资提高，而熟练工人的工资不变，因此非熟练工人的相对工资提高。显然，也有低技能工人岗位的离岸使得低技能工人获益而不是受损的可行情况。离岸对相对工资的这种影响正好与芬斯特拉和汉森的结果相反。从该分析中可以清楚看到，为评估离岸过程对工资的影响，需要了解该过程的许多细节。

6.2　传统方法

传统的跨国公司研究使用邓宁（Dunning，1977）的折中方法，该方法认为，一家公司在外国设立子公司需要在 3 个方面具有优势：所有权、区位和内部化。这经常被称为 OLI 方法。根据该观点，企业可以通过拥有特定资产获得所有权优势，例如，拥有生产差异化产品的技术，或者通过在某一产业经营而使母、子公司间能够分担一些间接成本。在外国设立一家工厂或服务子公司时也需要一些优势，这些优势可能来自于东道国的低生产成本、运输成本的节约，或在东道国消费者市场营销或服务产品的竞争性优势。最后，还需要有在保留对子公司的控制，而不是使用替代性安排方面的优势，诸如对东道国其他企业生产或分销产品发放许可证。例如，当产品由非附属方生产时可能难以节约间接成本，或者，如果一个独立实体也能获得该技术的话，那么企业可能无法确保其技术的产权。显然，OLI方法能容纳各种各样的解释 FDI 模式的特定因素。但在某种意义上，这种方法过于宽泛以致无法构建能够作出鲜明预测的理论。

为了回应对他的批评，邓宁（1988）承认了其方法的粗略性，认为“其之所以被接受，确切地说是因为其普遍性，折中的范式在解释或预测特定种类国际生产方面力量有限，在单个企业行为方面甚至更少”（p. 1）。他进一步比较了 OLI 方法和国际贸易的新古典理论，特别是，与无贸易摩擦的要素比例理论进行了比较。他指出：

> 新技术和其他现代贸易理论以及国际生产理论间的区别在于，前者隐含假定所有商品在跨越国境的独立买者和卖者间进行交换，后者明确假定中间品的转移是在同一企业内进行。换句话说，没有国际市场失灵，国际生产就失去了存在的理由。但是一旦市场失灵存在，对贸易和生产的解释就可能被看作是构建于要素禀赋的国际分解基础之上的总体范式的一部分，以及跨越国境交换中间品的替代方式的成本。（p. 2）

邓宁（1988）也赞赏性地评论了 20 世纪 80 年代发展更详细的国际贸易和 FDI 模型的努力，例如赫尔普曼（1984b）关于垂直 FDI 的研究，马库森（Markusen，1984）关于水平外国直接投资的研究，以及埃希尔（Ethier，1986）关于 FDI 内部化决定的清楚阐释。[136]

垂直 FDI 和水平 FDI 间的区别是传统文献的核心，并且这种区别在一定程度上是有用的。当在外国的子公司参与不同于在本国的母公司的活动时，其就代表了纯粹的垂直 FDI；而当其参与和在母国的母公司同样的活动时，就代表纯粹的水平 FDI。纯粹垂直 FDI 的例子是在外国建立一家工厂以制造引擎，该引擎完全由生产汽车的母公司使用。纯粹水平 FDI 的例子是在外国建立生产汽车的一体化工厂，其生产的汽车完全在东道国销售。然而，水平 FDI 与垂直 FDI 间的区分随着时间推移变得不那么有用，因为正如上述讨论所显示的，现在跨国公司使用比以前复杂得多的 FDI 模式。

UNCTAD（1998）将其称之为“复合一体化策略”。许多大跨国公司既参与水平 FDI，也参与垂直 FDI，以及“平台”（platform）FDI，即投资于以出口为目的的子公司。[137] 而且，各种形式的 FDI 是相互依赖的。例如，参与水平 FDI 的决定经常不能脱离参与垂直 FDI 的决定（参见第 6.5 节）。为此，我将在下一节讨论水平 FDI，在接下来的章节讨论垂直 FDI，在第 6.5 节讨论复合一体化。[138] 在本章的最后部分，我讨论了关于生产各阶段的内部化决定，以及该决定如何影响同一商业企业各附属实体间的国际贸易。

6.3　水平 FDI

考虑以供应东道国市场为目的收购一家外国的子公司，所谓东道国就是该子公司所在的国家。就其本身而言，这种类型的 FDI 是由市场进入考虑驱动的，是对出口的一种替代。例如，一家日本汽车制造商能用来自日本的出口供应美国市场，或者能在美国建立工厂并在这些工厂生产汽车以在美国销售。哪一种运营模式更有利可图取决于许多因素，包括将汽车从日本运输到美国的成本，在美国建立工厂的成本以及在美国市场的预期销售。这些因素中，前两个代表临近—集中二者之间的权衡，即，在美国投资所节约的运输成本与通过出口所节约的在美国市场建立工厂的成本间的权衡。换句话说，临近消费者可以节约出口成本，而在母国集中生产则可以节约固定投资成本。

图 6—1 显示了特定企业产品的临近—集中权衡。[139] 水平轴衡量该产品在东道国的市场规模，即，其需求是高还是低。得自出口的利润和得自 FDI 的利润都随着市场规模而增长，正如利润曲线所显示的那样。利润曲线上的每个点代表，当企业选择该曲线所代表的供应外国市场的模式，即出口或通过子公司销售时，企业能获得的最高利润。该图是在没有固定出口成本的假设下描绘，因此出口利润曲线起始于原点，而子公司销售有固定成本，因此子公司销售的利润曲线始于横轴下方。[140] 从水平轴到点 s 的距离代表子公司销售的固定成本规模。该固定成本代表在东道国获取工厂的成本，加上供应外国市场的任何额外成本，例如执照的获得或服务网络的组建。出口的固定成本被假定为等于零仅仅是为了简化。对接下来的讨论重要的是，FDI 的固定成本超过出口的固定成本，这使得生产的集中具有一定优势。

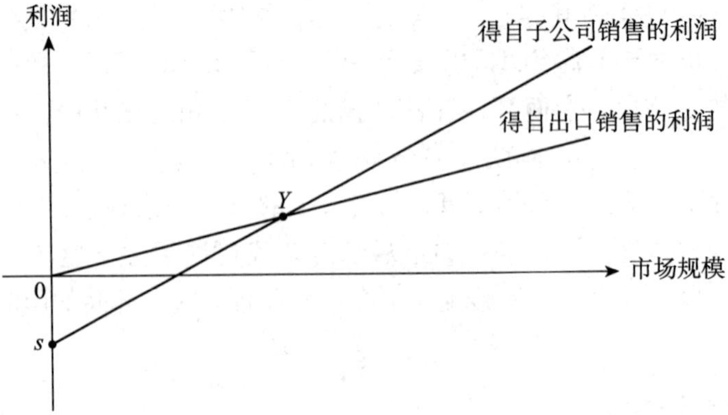

图 6—1　FDI：临近—集中权衡

该图的第二个特征是 FDI 利润曲线比出口利润曲线陡峭。斜率上的差异代表临近目的市场的优势，该优势来自于存在出口可变成本的事实。这些成本包括运费、保险费和目的国可能存在的贸易障碍，例如贸易的关税或非关税壁垒。它们适用于每单位出口，因此代表可变贸易成本。自然，在母国和东道国的制造成本也会影响这些利润曲线斜率的差异。例如，东道国工资越高，子公司销售的利润曲线越平坦，而母国工资越高，出口的利润曲线越平坦。我们会在接下来的部分讨论这种成本差异，但目前暂时假定利润曲线的斜率差异来自于可变贸易成本的不同。

从该图可以明显看出，若需求水平在交点 Y 左边，出口比子公司销售更加有利可图，而在更高的需求水平，子公司销售更加有利可图。因此，我们应该预期，在该产品市场越大的国家，子公司销售应该越多。而且，在 FDI 固定成本越高的部门，子公司销售的利润曲线越低，此时交点 Y 处于更高的需求水平，这意味着我们可以预期在这种市场的子公司销售更少。最后，部门可变出口成本越高，出口利润曲线越平坦，因为交点 Y 在更低的需求水平，这意味着我们应该预期在这些部门子公司销售更多。简而言之，贸易障碍越大，子公司销售相对于出口的盈利能力提升，而 FDI 固定成本越高，出口相对于子公司销售的盈利能力提高。日本的汽车制造商很好地展示了这种权衡，例如丰田，该公司在 1973 年石油危机以前向美国出口汽车，但 1973 年以后为应对美国对其汽车市场的保护在美国投资生产设施。[141]这种“关税跳脱”（tariff jumping）是临近—集中权衡的公认特征。

布雷纳德（Brainard，1997）利用从这些理论探讨中得出的见解考察了，可变贸易成本和FDI固定成本对以美国为基地的公司向其他27个国家的出口水平（相对于子公司销售）的影响。利用1989年的分解数据，布雷纳德指出，相对于子公司销售，美国公司在高固定成本的产业出口更多，在高运费和高外国关税的产业出口较少。显然，这些数据支持对水平FDI的市场准入的主要预测。尽管布雷纳德没有考察市场规模对相对于子公司销售的出口影响，但耶普尔（Yeaple，2003a）使用类似数据考察了这种关系。除了证实布雷纳德关于较高的FDI固定成本和较低的可变贸易障碍会提高相对于子公司销售的出口水平这一发现以外，他还发现了市场规模对该比率的反向影响，即，市场越大，相对于子公司销售的出口水平越低。[142]最后，布雷纳德考察了目的国和美国之间的人均收入差异的影响，发现这些差异对部门出口（相对于子公司销售）没有显著影响。她认为该发现反驳了以下观点：要素回报的跨国差异影响出口和FDI间的选择。我们会在接下来的部分讨论该发现。

布雷纳德（1997）的研究，以及马库森（1984）关于水平FDI的初始工作，都使用了产业内企业不具异质性，因而所有企业进行同样的选择（即，要么所有都选择出口，要么都选择通过子公司销售来供应外国市场）这一分析框架。在这些情况下，FDI无法在同一产业中与出口共存。自然，在解释现实或列出估计方程时，这种极端结果难以从表面意义上来理解。相反，决定临近一集中权衡的变量，其影响可以被理解为实证趋势，而不是严格的预测。例如，可变出口成本的提高意味着FDI更有可能，出口更不可能，导致子公司销售（相对于出口）更多。然而为了使该说法在严格意义上真实，需要存在一些异质性以使得企业特征差异导致一些企业出口，而另一些企业进行海外投资。考虑到企业异质性，可变出口成本的提高会促使更多的企业投资于子公司，更少的企业出口。

赫尔普曼、梅里兹和耶普尔（2004）提出了这一观点。在他们的框架中，企业存在生产率差异，正如在梅里兹（2003）中那样。[143]通过允许企业以出口和子公司销售这两种方式供应外国市场，他们将企业分成3类：只供应国内市场的企业，出口企业和投资子公司的企业。图6—2是图5—1的扩展，显示了企业对于这些组织模式的选择。横轴衡量生产率，而纵轴衡量利润。除了来自图5—1的国内销售和出口利润曲线，我们还添加了子公司销售利润曲线。后者的利润曲线与出口利润曲线相比具有两个显著特征：

截距更低（点 s 在点 x 之下）且更陡峭。更低的截距反映出 FDI 比出口的固定成本更高，而更陡的斜率反映出出口有可变贸易成本而子公司销售没有。自然，斜率的差异也代表母国和东道国在单位制造成本上的差异；如果这些成本与在东道国一样或更低，子公司销售利润曲线必定更陡。但如果，例如，东道国工资更高，那么只有当东道国的单位制造成本相对于可变出口成本不是太大的情况下，子公司销售利润曲线才会更陡。然而，要注意一点，如果 FDI 的固定成本高于出口的固定成本，则出口的利润曲线更陡，那么子公司销售的利润曲线在任何生产率水平下都低于出口的利润曲线。在此情况下，不管生产率的情况如何，每个企业从出口中挣的钱都比从子公司销售中更多，因此在该产业中不会有 FDI。换句话说，因为有 FDI 的存在，所以子公司销售的利润曲线必定更陡，正如图 6—2 中所描绘的那样。

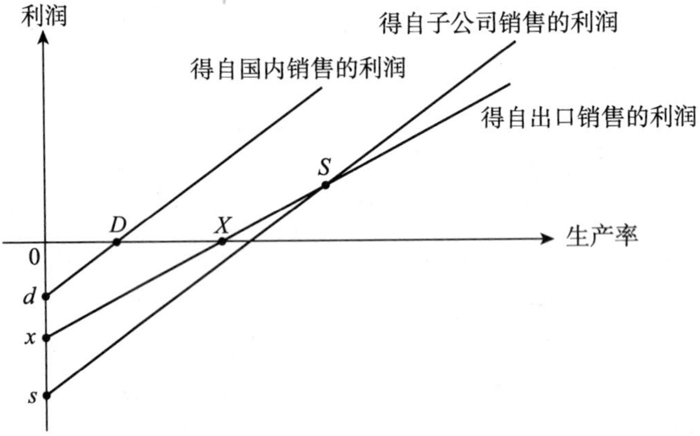

图 6—2　出口和子公司销售二者之间的选择

在此图中，利润最大化企业排序如下：生产率最低，位于 D 点的左边，由于亏损而离开该产业的企业；生产率位于 D 点和 X 点之间，仅供应国内市场的企业；生产率位于 X 点和 S 点之间，出口并供应国内市场的企业；生产率在 S 点右边，投资于外国子公司并供应国内市场的企业。显然，这种排序模式产生组织形式的层级，其中生产率最低的企业以国内市场为导向，生产率最高的企业通过子公司销售供应外国市场，中等生产率水平的企业通过出口供应外国市场。这意味着国内企业平均生产率最低，出口商的平均生产率较高，参与 FDI 的企业生产率最高。确实，这种模式符合各种数据集。赫尔普曼、梅里兹和耶普尔（2004）指出，例如，美国出口商的平均劳动生产率（每个工人的产出）比美国国内企业（既不出口也不在外国投资的企业）的平均劳动生产率高出将近 40%，而参与 FDI 的企业的平均劳动生产率比出口商的平均劳动生产率高出 15%。黑德和里斯（Head and Ries，2003）以及富浦（Tomiura，2007）通过研究发现日本也有类似的情况；吉尔马、戈克和施特罗布尔（Girma，Görg and Strobl，2004）通过研究发现爱尔兰也有类似的情况；吉尔马、凯勒以及皮塑（Girma，Kneller and Pisu，2005）通过研究发现英国也有类似的情况。[144]

既然在该分析模型中，出口商与外国直接投资者在同一个产业中共存，通过加总生产率在 X 点到 S 点间的所有企业的出口额，以及通过加总具有更高生产率水平的所有企业的子公司销售额，有可能计算出出口对子公司销售的比率。可变贸易成本越大，FDI 固定成本越小，该比率应该更低，符合临近—集中权衡。而且，该产业中企业的生产率越分散，出口相对于子公司销售的水平应该更低，这是从企业异质性中得出的新预测。换句话说，企业异质性程度对于比较优势有潜在意义。一个自然的问题是，数据是否支持该理论预期，如果是，是否在数量方面重要。结合可变贸易成本和工厂固定成本对出口与子公司销售比率影响的估计，赫尔普曼、梅里兹和耶普尔（2004）提供了对这些影响的估计。表 6—1 列出了被称为“贝塔”系数的这些估计的标准化形式，这些系数能够互相进行比较。这些估计来自于布雷纳德（1997）所研究的 1994 年美国 52 个部门对 27 个国家出口和子公司销售的数据。[145]除了临近—集中权衡中所提出的运费、关税和固定成本以外，该表还列出了不同离散度衡量的影响：美国企业生产率的标准差（U. S. s. d.），欧洲企业生产率的标准差（Europe s. d.）以及所估计的来自欧洲企业数据的帕累托分布的形状参数（Europe shape）。[146]针对 52 个部门中的每一个都估计了这些衡量指标，结果表明，部门间的差异巨大。该表显示，这种跨部门差异对于部门间的出口与子公司销售比率的差异有重要影响。从表 6—1 中确实可以看出，这些分散程度衡量指标对出口与子公司销售比率的数量影响比得上运费、关税和工厂固定成本。

表 6—1　　生产率分布和相对于子公司销售的出口

	运费	关税	固定成本	美国标准差	欧洲标准差	欧洲形状
“贝塔”系数	−0.271	−0.205	0.325	−0.312	−0.250	0.211

注：该表报告了标准化（或“贝塔”）回归系数，它是通过利用表中所报告的变量，控制部门资本劳动比和研发强度，对出口与子公司销售比率进行回归而估计出来的。

资料来源：Helpman，Melitz and Yeaple (2004).

耶普尔（2009）还研究了其他的含义。他指出，生产率更高的美国跨国公司在更多的海外国家拥有附属机构，并且生产率越高，美国的跨国公司在东道国获得的收入更高。而且，人均收入越高的国家对美国跨国公司越具区位吸引力，但这不是因为它们提供了更低的 FDI 成本，而是因为它们提供了更大的市场（回想图 6—1 中的分析，该分析表明，市场越大，FDI 相对于出口越具吸引力）。最后，他认为，对 FDI 越具吸引力的国家越会吸引那些利润率和生产率较低的美国跨国公司，这些公司降低了它们美国母公司的平均生产率。

6.4 垂直 FDI

在前面的章节中，我们讨论了对水平 FDI 的解释以及支持这些解释的证据。这些解释主要是围绕临近—集中权衡展开的，当企业在外国市场通过出口或者子公司销售寻求市场准入时，这种权衡便产生了。在讨论中，我们假定，在子公司销售情况下整个价值链均位于东道国，而在出口情况下整个价值链均位于来源国。正如马库森（2002，p. 5）所描绘的："水平 FDI 指产品和服务的外国生产大致类似于企业为其母国市场所生产的产品和服务。"并且他区分了这种形式的 FDI 与垂直 FDI："垂直投资指那些根据生产阶段将生产过程在地理上进行分散的投资，"他这一表述的意思是，一些生产阶段在东道国完成，而另一些在母国完成。

赫尔普曼（1984b）对赫尔普曼-克鲁格曼贸易模型进行了扩展，主要是将要素比例和产品差异结合，以适应垂直 FDI 的情况。差异部门的生产过程可以被分解为生产和总部服务，后者包括诸如管理、设计和研发等活动。这些活动的要素密集度不同，总部服务的技能密集度或资本密集度比车间生产更高。而且，总部服务能被许多生产工厂共享，即使这些工厂坐落在不同国家。因而，一家企业，例如在资本丰裕的国家，有动机将总部建立在母国，而在劳动丰裕的国家生产，如果低技能工人的工资在后者更低的话。这类将制造从母公司总部分离出去的做法符合垂直 FDI 的定义。当要素构成没有太大差异时，由于要素价格在每个国家是一样的，企业缺乏走向国际化的动力。然而，当这些差异大时，存在初始压力使得要素价格不同。以资本丰裕国为基地的企业进而在劳动丰裕国建立生产最终产品的设施。

生产的重新配置对于贸易结构有一定的暗示意义。尽管它不影响净贸易流要素含量的定性预测，[147]但它改变了最终商品贸易流的方向和产业内贸易的份额。特别是，因为生产转向海外，资本丰裕国进口资本密集型产品，因为当两国资本劳动比之间的差异巨大时，这些产品的最后组装在劳动丰裕国进行。在没有跨国公司的情况下，两个国家间要素构成的差异越大，产业内贸易份额越小，当要素构成差异大到足以形成跨国公司时，这种关系更为微妙。垂直 FDI 情况下，保持相对国家规模不变，只要资本丰裕国净出口差异产品，那么国家间相对要素禀赋差异越大，产业内贸易的份额就越大。然而，在要素构成差异足够大时，足量最终差异产品的生产在劳动丰裕国进行，从而将资本丰裕国转变为差异产品的净进口者。一旦贸易模式出现这种转变，要素构成差异和产业内贸易份额间的反向关系就会恢复。显然，垂直 FDI 导致了要素构成差异和产业内贸易份额间的非单调关系。

当母公司从其子公司进口最终产品时，垂直 FDI 的出现也导致企业内贸易。只要两国相对规模不变，这些进口占总贸易的份额就会随着国家间要素构成的差异而提高。换句话说，该模型预期，企业内贸易份额与国家间要素构成差异正相关。

在该模型中，母公司向其子公司出口总部服务，并从子公司进口最终产品。自然，即使子公司生产自己国内（即东道国）销售的最终产品，母公司也能向子公司出口总部服务。当这种情况发生时，子公司销售反映水平 FDI，而总部服务的流动证实了垂直 FDI。实际上，许多情况下，这两种形式的 FDI 相互关联，正如我们下面要讨论的。然而目前，让我们停留在纯粹垂直 FDI 的范围内。在此情境下，注意除总部服务之外母公司还向其子公司出口中间投入品以供子公司用于生产最终产品。这种进口是垂直 FDI（不取决于子公司在哪里出售其产出），并且这些企业内贸易流的衡量经常被用来测度垂直 FDI 的重要性。

汉森、马特罗尼和斯劳特（Hanson，Mataloni and Slaughter，2001，表 6）指出，例如，在拥有多数股权的美国制造业跨国公司中，附属机构为进一步加工而进口的商品，从 1982 年占附属机构销售的近 10%增长到 1994 年的超过 12%，他们将这解释为垂直 FDI 相对重要性的提高。在某些东道国和某些产业，该增长特别重要。对于美国在加拿大的投资，该份额从 1982 年的 21.6%增长到 1994 年的 33.5%；而对于美国在墨西哥的投资，该份额从18.3%增长到36.7%。产业层面，在电子和其他电气设备行业，从1982年的16.3%增长到1994年的22.2%；在交通运输设备行业，从17.7%增长到23.2%。引用外交关系委员会（the Council on Foreign Relations，2002）的一项研究，汉森、马特罗尼和斯劳特（2005，p.664）写道："加拿大和墨西哥的汽车工厂与和它们对应的美国公司有着广泛的企业内联系，这种联系以大量投入的跨境流动为媒介。据估计，每天有价值2 500万美元的汽车和汽车零部件通过连接密歇根州底特律市（Detroit，Michigan）和安大略省温莎市（Windsor，Ontario）的大使桥（the Ambassador Bridge）。2001年9月11日的恐怖袭击后，美国政府关闭了该桥和其他进入点，一些NAFTA汽车工厂由于投入品短缺不得不在48小时内关闭。"他们进一步指出，美国母公司对其外国附属机构的中间投入品的出口很容易受东道国的贸易成本和工资的影响。特别是，较高的贸易成本和较高的低技能工人工资则会减少对来自母公司的中间投入品的进口，而较高的高技能工人工资则会增加该进口。这一结果对工资的影响特别有趣，因为它们表明，低技能工人补充了进口中间投入的使用，而高技能工人则替代了它们。

水平FDI和垂直FDI已经被广泛地研究过，因为两者从数据看都很重要。FDI流量与相对要素丰裕度的差异不相关，布雷纳德（1997）的这一实证发现被认为是支持了水平FDI是FDI的主要形式这一观点。另一方面，正如上面所讨论的，关于垂直FDI作用日益重要的直接证据也在增加。问题因而是，怎样调和这些不同的证据？耶普尔（2003a）提供了对该问题的最佳回答。他首先指出，布雷纳德估计了要素构成的国别差异对FDI部门结构的平均影响。然而，即使这些平均效应不是特别显著，它们也没有提供关于要素禀赋在FDI的形成中发挥何种作用的良好检验。原因是，部门间存在要素强度差异，因此我们需要回答，美国是否投资于高技能工人丰裕的国家的高技能密集产业，以及是否投资于低技能工人丰裕的国家的低技能密集产业。如果是这样，那么这提供了美国跨国公司按照东道国比较优势进行投资的证据，符合垂直FDI的动机。换句话说，为确定要素禀赋对FDI流量的影响，我们需要估计国家特征与产业特征的互动模型，类似于若马里斯（2004）提出的估计贸易流的方法。

耶普尔的估计证实了数据所反映出来的情况。他也发现了可变贸易成本和固定成本影响FDI的证据，符合临近—集中权衡，并且市场规模也会影响 FDI，符合市场准入假说。而且，他考察了这些变量对相对于子公司销售的出口的影响。这些属于垂直和水平 FDI 的变量共同解释了该比率 22.3％的变动。[148] 当仅用属于垂直 FDI 的变量来估计时，它们解释了 13.5％的变动，而当仅用属于水平 FDI 的变量（包括市场规模效应）时，它们解释了 14.9％的变动。根据这些结果判断，两种形式的 FDI 对解释美国的数据都很重要。

6.5　复合一体化

随着全球经济中的企业组织变得越来越复杂，纯粹的垂直或水平 FDI 不能提供对 FDI 模式的令人满意的解释。确实，跨国公司的子公司在东道国出售它们的产品并从母公司进口中间投入品。但是它们也对母国及第三国市场出口产品，对附属方和非附属方的出口也与此类似。布朗尼根（Blonigen，2005，table 1）指出，1999 年，美国制造业和非制造业跨国公司的子公司在东道国的销售超过总销售的 67％，其余的部分出口。这些企业的总销售中，略微超过 10％售回美国，接近 10％售往在其他外国市场的非附属方，12.5％售往在其他外国市场的附属方。在制造业，东道国销售的份额较小，低于 60％，但是售回美国的份额是 15％，售往在其他外国市场的附属方的份额超过 16％。

尽管这些数字表明 FDI 与贸易相关且这种关系在各部门之间存在差异，但数据也表明这种关系在各国之间存在差异。埃克霍尔姆、富尔斯里德和马库森（Ekholm，Forslid and Markusen，2007，table 1）对 2003 年美国制造业中那些在多个国家开展业务的公司的国外子公司的销售数据进行了分解。他们报告说，在欧盟国家经营的子公司很少售回美国（占总销售的 1％～5％），但它们在第三国市场的销售差异巨大。例如，爱尔兰在第三国市场出售 69％，比利时出售 56％，西班牙出售 39％，希腊仅出售 8％。显然，爱尔兰和比利时是美国跨国公司的出口大平台，而美国在希腊的子公司主要供应本地社区（水平 FDI）。一些亚洲国家出口回美国的比例大得多，加拿大和墨西哥出口回美国的情况也是如此，具体说来马来西亚是 39％，菲律宾是 35％，中国香港和新加坡是 15％，加拿大和墨西哥各是 34％和 31％，但是从印度尼西亚（2％）和中国内地（8％）售回的比例非常小。

另一方面，亚洲国家对第三国的出口销售很大：新加坡是43%，菲律宾是38%，最低是印度尼西亚，为13%。加拿大对第三国的出口销售仅为5%，墨西哥是15%。

从这些数据可以看出，驱动FDI的动机超过一种。在希腊运营的美国公司主要由水平FDI驱动，因为它们仅将总销售的1%出口回美国以及仅8%出口至第三国市场，在爱尔兰和比利时，投资主要由平台FDI驱动。而在马来西亚和菲律宾，垂直FDI和平台FDI都起着重要作用，这里“平台FDI”（platform FDI）指获取以向第三国（即不是向母公司所在国）出口其产品为主要目的的子公司。[149]为了理解这些模式，有必要将水平FDI、垂直FDI和平台FDI作为相互联系的战略来考察。

耶普尔（2003a）提出了关于FDI相互联系形式的重要见解。他考察了一个3国世界：两个北方发达国家（假定美国和法国）和一个欠发达南方国家（假定菲律宾）。每个北方国家消费一种差异产品，该产品由一家总部在北方国家的企业制造。为了生产该商品，企业需要两种投入：一种在北方生产比较便宜，另一种在南方生产比较便宜。最终产品和中间产品的运输成本类似，都与产品价值成比例。在这些情况下，我们可以研究北方企业会采取4种策略中的哪一种。第一，假定在美国的企业可能会选择在母国生产这两种投入，并将组装好的产品运送至法国。第二，该企业可能选择在母国生产一种投入而在菲律宾生产另一种，并将组装好的产品运送至法国（垂直FDI）。第三，该企业可能在法国设立子公司，在母国和法国均生产这两种投入，并且通过其本地生产商、在美国的母公司以及在法国的子公司来供应每个北方国家（水平FDI）。最后，该企业可能选择在菲律宾生产一种组件，在每个北方国家生产另一种，并且正如前面那样，通过其本地生产商供应每个北方国家（复合一体化）。耶普尔分析了每个选择的可行性是如何取决于在南方和北方生产中间投入品的成本差异、运输成本以及在南方和北方子公司的固定成本的。他指出：“复合一体化策略使得一国FDI水平与其邻国特征和政策产生相互依赖……这种依赖有两种形式：两个地点或者互补，或者相互替代。当发生在一个国家、导致在该国的MNE活动扩张（收缩）的事件也导致在另一国的MNE活动的扩张（收缩）时，这两个地点互补，而当发生在一个国家、导致在该国的MNE活动扩张（收缩）的事件也导致在另一国的MNE活动的收缩（扩张）时，这两个地点相互替代”（p. 295）。[150]位于两个其他国家的FDI是相互替代还是互补取决于运输成本的水平。

对低运输成本，这两种形式的 FDI 倾向于彼此互补。总部在美国而在菲律宾有工厂的生产中间投入品的企业因此降低了其最终产品的单位成本。在这些情况下，增加销售应该特别有利可图。增加销售的一种方法是在法国建立子公司以供应法国市场。因此，在菲律宾的子公司使得在法国的子公司更加有利可图，反之亦然，在法国的子公司使得在菲律宾的子公司更加有利可图。

格罗斯曼、赫尔普曼和斯泽德尔（Grossman，Helpman and Szeidl，2006）修改并扩展了耶普尔的分析。不同于两种投入，他们考察了一种中间投入品和一种组装技术，投入和技术均能位于不同国家（美国、法国或者菲律宾）。这种修改增加了平台 FDI 的可能性，例如在菲律宾组装并出口到北方。他们也允许商品在北方和南方消费。而且，差异产品企业是异质的，因此伴随不同生产率水平可能选择不同一体化策略，并且最终产品的运输成本可能不同于中间产品的运输成本。在此情况下，一些企业可能选择在母国生产中间产品，在母国组装最终产品，并且通过出口供应外国，而另一些企业可能选择一种或更多种形式的外国直接投资。这种组织形式上的异质性体现在数据中。

这个更加丰富的分析框架使得格罗斯曼、赫尔普曼和斯泽德尔能够研究 3 种不同形式的外国直接投资间的互补性，他们将这 3 种形式分别称之为“单位成本”（Unit-Cost）互补性、“零部件采购”（Source-of-Components）互补性和“聚集”（agglomeration）互补性，其中单位成本互补性类似于耶普尔所提出的那个。他们对互补性作了如下界定（p. 219）：“一般而言，当海外组装固定成本的提高使得在零部件方面进行 FDI 的那部分企业减少时，我们说组装方面的 FDI 与零部件方面的 FDI 互补，当零部件方面 FDI 固定成本的提高使得参与外国组装的那部分企业减少时，也是如此”。在此界定下，即使没有运输中间投入品和最终产品的成本，也存在单位成本互补性。为了看清楚原因，首先注意在没有运输成本的情况下，在美国的一体化企业会在母国生产中间投入并在那里组装最终产品，而不会在法国投资，因为在法国的 FDI 不仅不节约成本反而产生固定 FDI 成本。更一般地，在此情况下，企业没有理由在多个地点进行同样的活动，因为这会提高固定成本但不会节约运输成本。因而中间产品会在母国或菲律宾生产，并且类似地，组装也会在母国或菲律宾进行。

针对给定的组装方面 FDI 的固定成本，图 6—3 描绘了从以上分析中所得出的 FDI 模式。低生产率企业不参与 FDI，因为它们无法支付固定成本。另一方面，生产率非常高的企业在菲律宾建立一体化子公司，用来生产中间品和组装最终产品。因此，低生产率企业从母国出口它们的产品，而生产率非常高的企业从菲律宾出口它们的产品。显然，菲律宾是极具生产率企业的出口平台，这些企业向菲律宾居民出售其部分产出，而将其余产出出口至美国和法国。

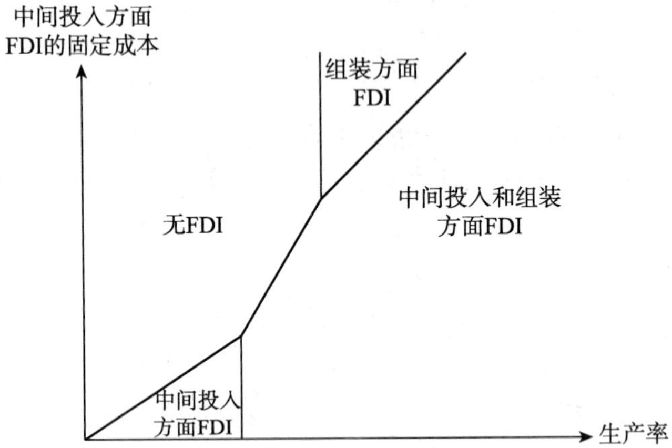

图 6—3　FDI 模式（不存在运输成本的情况）

当中间投入品方面 FDI 的固定成本高时，中等生产率企业不参与 FDI。但当该固定成本足够低时，它们在菲律宾建立子公司以生产中间投入品。这些中间投入品之后又出口回在北方的母国，并在那里组装成最终产品。最终产品在当地出售，并出口至菲律宾和其他北方国家。

一些高生产率企业仅在中间投入品方面 FDI 的固定成本较高时选择组装 FDI，而这些企业在中间投入品方面 FDI 的固定成本足够低的情况下会在菲律宾获取一体化设施以生产最终产品。这些企业在母国生产中间投入，并将之出口至菲律宾以进一步加工。在菲律宾，它们的子公司使用这些中间投入组装成最终产品，然后将之出口回母国及其他北方国家。

显然，这些 FDI 模式类似于我们已经从数据中看到的情况。而且，从图上显然可以看出，随着中间投入品方面 FDI 固定成本的增长，参与 FDI 的企业更少，这里 FDI 包括组装方面 FDI（因为使得这些活动有利可图的生产率临界点提高了）。因此这两种形式的 FDI 间的单位成本互补：在菲律宾中间投入的较低成本鼓励组装方面 FDI，而较低的组装单位成本鼓励中间投入方面 FDI。

当跨境运输最终产品费用高昂（但是中间投入品运输无成本）时，图 6—3 中描绘的 FDI 模式仍然适用，只要运输成本足够低。运输成本越高导致一体化模式越丰富。这部分是因为，两种形式的 FDI 间的互补性出现了新来源：采购零部件互补性。这来自于一个事实，即当中间投入品也在菲律宾制造时，在菲律宾进行组装所节约的成本相对较多，这强化了源自单位成本互补性的战略考虑。然而不同于无运输成本的情况，现在在另一个北方国家也存在对组装 FDI 的激励，并且当中间投入品在菲律宾以低成本生产时该激励更强。

当最终产品的运输成本高且在菲律宾的市场小时，一种针对中间投入方面 FDI 的固定成本低这一情况的有趣 FDI 模式就出现了。图 6—4 展现了这种模式。低生产率的企业在母国运营一体化设施，并将最终产品出口至其他北方国家和菲律宾。生产率水平略微高一些的企业在菲律宾生产中间投入品，并将这些投入品进口回母国以组装最终产品。此时，这是纯粹的垂直 FDI，每个北方企业出口最终产品至另一个北方国家和菲律宾。生产率更高的企业也在菲律宾生产中间品，即参与垂直 FDI，除此之外他们也在另一个北方国家设立子公司。这些子公司用来自该企业在菲律宾的附属机构所生产的中间投入品组装最终产品。注意，在此情况下，在南方的垂直 FDI 使得在另一个北方国家的水平 FDI 成为可能，因此这两种 FDI 形式相互关联。然而，尽管不存在美国—法国间的最终产品贸易，但北方企业通过出口最终产品供应菲律宾。还要注意，菲律宾是一个出口平台，在那里生产的中间品不在菲律宾使用，而是出口至美国和法国。最后，生产率最高的企业在菲律宾生产中间投入品并在所有 3 个国家组装最终产品。菲律宾再次成为中间品的出口平台，但这些中间品现在有一部分用于当地组装，且组装的最终产品因而在菲律宾销售。

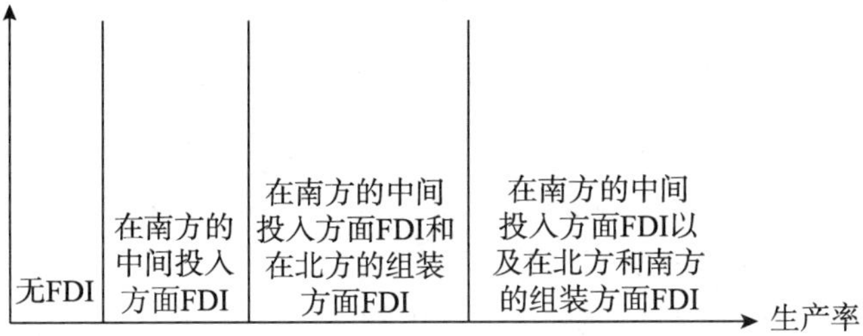

图 6—4　FDI 模式：最终产品运输成本高，中间投入方面 FDI 固定成本低，南方市场小

我已经在本节阐明，FDI 的复杂模式可以用可变成本、固定成本和运输成本间的简单权衡来解释。尽管该理论尚未被检验，但其预测的 FDI 模式符合有关美国公司国外附属机构的经营实践。

6.6 内部化

在前面关于跨国公司的讨论中没有涉及内部化决策，即，没有明确分析为什么企业选择通过子公司销售供应外国市场，或者为什么企业选择在外国子公司生产中间投入品。自然，在上述每种情况中，企业都能使用不是其附属机构的外国企业。例如，企业可以允许一家外国公司使用该企业的品牌名，生产用于本地销售的最终产品，或者允许外国企业生产中间投入品。问题因此是：何时企业选择拥有外国生产者？类似地，我们还可以问：何时企业选择拥有零部件的本地供应商？这种一体化决策与外国采购和本地采购同等相关。因此，有多种组织形式可供选择，并且每个企业都使用自己的策略。

为了研究商业企业的组织决定及其对贸易和 FDI 的意义，学者采用了许多方法。首先是企业边界的交易成本分析，它隐含于邓宁（1977）的折中方法中[151]；其次是内部化的管理激励分析，由格罗斯曼和赫尔普曼（2004）以及马林和维迪尔（Marin and Verdier，2008a，b）所使用[152]；再次是建立在不完全合同理论基础上的企业组织产权方法，由格罗斯曼和赫尔普曼（2002b）、安特拉斯（2003）、安特拉斯和赫尔普曼（2004）和其他许多最近的研究所使用。[153]接下来，我重点阐释第 3 种方法，因为该方法提供了已经用各种数据集成功研究过的预测。

体现在这些研究中的基本权衡是关于内部化的成本与收益。在其最简单的形式中，我们可以考虑为生产最终产品需要实施的两种行为。一方（比如说 H），拥有技术和生产产品的知识，而生产需要总部服务，该服务仅能由 H 提供。另一种活动需要由另一方（比如说 S）实施，但是 S 可以是 H 企业的一部分或者是一家独立的供应商。假定 S 必须供应零部件。重要的是，H 需要的零部件是高度专业化的，因此如果 S 可以提供确切规格的零部件，那么仅有 H 能使用这些零部件，在 H 和 S 的关系之外，这些零部件没有价值。因此，一旦 S 生产这些零部件，它就成了 H 的人质。但如果 S 是这些部件的唯一供应者（出于简化的目的我们假定这种情况），那么 H 也是 S 的人质，因为没有 S 的投入品，H 无法生产最终产品。在这些情况下，H 和 S 会在事后就 S 提供零部件将从 H 获得的支付进行讨价还价。要让这种情况发生，必须假定双方不能签订详细的、明确指定这些零部件属性的、能在法庭上实施的合同，因为明确指定所需要的特性十分复杂，并且法官或陪审员无法核实该中间投入品是否满足这些要求。[154]

事后讨价还价的结果是什么呢？在这样的情况下，回答取决于通过相互间的合作 H 和 S 能产生的剩余，以及在双方关系破裂时每一方能从他或她的资产中获得的价值，即取决于他们的外部选择。如果 S 是独立的供应商，那么 S 的部件在该关系以外毫无价值，因此 S 的外部选择等于零。对 H 也是类似的，如果他没有组件就不能生产最终产品，他的外部选择也等于零。给定每一方的谈判能力，那么每一方所获等于其外部选择——在此情况下为零——加上根据他们讨价还价能力获得的剩余份额。而且，剩余等于得自最终产品销售的收入减去 H 和 S 的外部选择。在外包的情况下，这意味着该收入要根据每一方的讨价还价能力按比例划分。

在另一种可选择的组织形式中，S 被整合进 H 的公司，H 拥有 S 生产的中间投入品。在该情况下，如果 S 与 H 的关系破裂——S 辞职或者被 H 解雇，那么 S 不能取得她的中间投入品。因此此时与在外包情况下一样，S 的外部选择等于零。但是对 H，一体化不同于外包，因为在一体化情况下，H 拥有中间投入品。没有该供应商，H 很可能无法以与 S 合作情况下同样的效率将中间投入品和总部服务转化为最终产品。因而 H 达到的收入水平低于与 S 合作情况下所达到的收入水平。然而，现在这个较低的收入水平是 H 在讨价还价博弈中的外部选择，这大于他在外包情况下的零外部选择。因此，H 在一体化情况下能通过讨价还价获得比外包情况下更高的收入份额。这个更高的份额对 H 来说是一体化的关键优势。

或者是这样吗？这容易被误认为是 H 必定喜欢能给他较高收入部分的组织形式，因为更大的收入份额显得比较小份额更受人喜欢。如果组织形式不影响收入，这当然是对的，但该假设很难说是正确的。原因是，如果 S 预期从收入中获得份额较小，那么她努力工作以生产高质量中间投入品的动机会较弱。并且类似地，如果 H 获得较小份额的收入，那么他努力工作以生产高品质总部服务的动机会较弱。任何一方偷懒或投资较少都会减少可获得的收入，使得可分的蛋糕缩小。因此，H 并不总是选择一体化以获得更大的收入份额。特别是，如果在最终产品的生产中，相对于总部服务，零部件作用重要，那么他可能宁愿外包以使得 S 有强烈的动机投资和努力工作。安特拉斯（Antràs，2003）指出，中间投入品的相对重要性有一个临界值，重要性高于该临界值的企业愿意外包，在临界值以下的企业愿意一体化。

安特拉斯（2003）在一个两国、两部门、两投入的国际贸易模型中展示了该结构，其中中间投入品的相对重要性以部门劳动密集度衡量。因而企业在劳动密集型部门选择外包，在资本密集型部门选择一体化。该模型预测，在资本密集型部门有企业内贸易，在劳动密集型部门有无所属关系的企业之间的贸易。粗略地看，这意味着一国从资本丰裕国家的进口，与从资本较不丰裕国家的进口相比，应该有更大一部分是企业内贸易。在部门层面，如果一个部门的资本越密集，一国企业内进口的份额应该越大。使用美国从 28 个国家和 23 个产业进口的数据，安特拉斯发现了支持这两种预测的证据。[155]图 6—5 描绘了 1992 年企业内贸易份额与出口国资本劳动比间的关系。[156]正相关关系是十分明显的，来自埃及和印度尼西亚等劳动丰裕国家的企业内进口份额低，来自德国和瑞士等资本丰裕国家的企业内进口份额高。

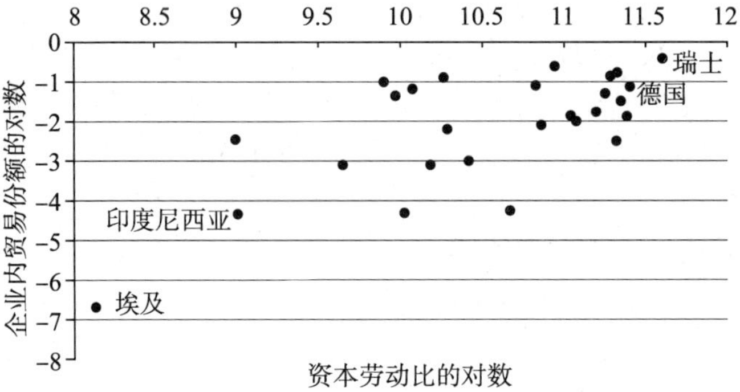

图 6—5　美国来自 28 个国家的企业内进口份额（1992 年）

资料来源：Antràs (2003).

安特拉斯的理论模型意味着部门进口或者全部是企业内贸易，或者全部是无所属关系的企业之间的贸易，而在数据中两者是混合的。并且，企业内贸易份额因部门而变动。为了将这一特征以及贸易与 FDI 的其他额外特征考虑进去，安特拉斯和赫尔普曼（2004）将企业异质性引入每个部门，并引入因组织形式而变动的固定成本。他们假定，与母国活动相比，离岸运营的固定成本更高；与母国外包相比，海外外包的固定成本更高；与母国一体化相比，FDI 的固定成本更高。他们还假定，一体化比外包花费更大，即，在母国一体化的固定成本比在母国外包的固定成本更高，且 FDI 的固定成本比离岸外包的固定成本更高。第一套假设很合理，而第二套比较难成立。原因是，如果一体化企业存在范围经济，那它就能节约固定成本，即企业活动的水平扩张可以节约每一活动的固定成本，但一体化企业的管理负担更重，这可能会提高该企业运营的固定成本。换句话说，一体化的固定成本并不一定比外包的固定成本高。[157] 自然地，我们能在上述每个可选择的假设下分析该理论模型，而且我将指出其含义上的区别。

图 6—6 描绘了安特拉斯和赫尔普曼（2004）模型中所预测的，当生产成本在外国比较低时的企业排序模式。正如通常存在固定成本的情况一样，生产率最低的企业会退出。在生存下来的企业中，那些低生产率企业在母国采购投入，那些高生产率企业在海外采购投入。在岸获取中间投入品的企业组内，生产率最低的企业通过外包获取中间投入品，而生产率更高的企业在内部生产中间投入品。离岸获取中间投入品的企业组内，生产率最低的企业外包，而生产率较高的企业一体化。外包的那些企业从其他无所属关系的企业进口中间投入，而那些一体化的企业从子公司进口，即他们参与企业内贸易。正如水平 FDI 模型中那样，这里也是生产率最高的企业成为跨国公司。

如果一体化与外包的固定成本的顺序倒过来，这一预测结果也是不变的，即低生产率企业在岸采购投入，高生产率企业离岸采购投入。然而，当一体化比外包固定成本更低时，较低生产率企业选择一体化，较高生产率企业选择在本国和海外外包。换句话说，在母国采购投入的企业中，生产率最低的企业一体化，生产率最高的企业外包，而在离岸的企业中，生产率最低的企业成为跨国公司，生产率最高的企业外包。

尽管图 6—6 描绘了源自 2×2 组织结构（母国对外国，一体化对外包）的所有 4 种组织形式，但在一些部门，某些部分可能是空的。例如，在某些总部密集度很低的部门，企业愿意给其供应商非常高的激励，因为在生产过程中零部件特别重要。于是，不管其生产率如何，企业都将选择外包，因为这给了供应商投资和尽力的最佳动机，并且固定成本在外包时较低。在这些情况下，唯一的问题是，企业是否离岸中间投入品的供应。结果是，低生产率企业选择国内外包，从而节约固定成本，而高生产率企业选择外国外包，从而节约可变成本。

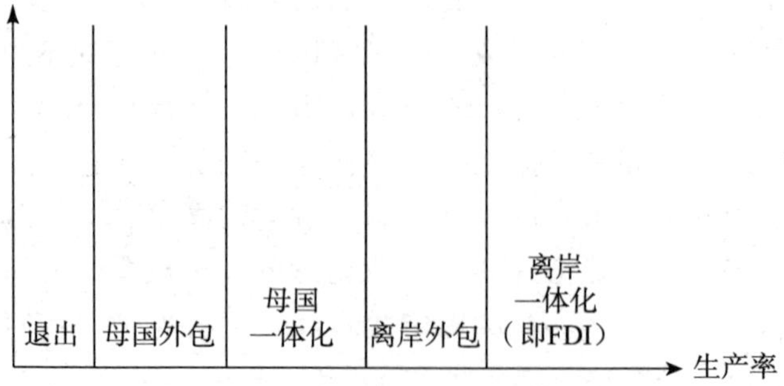

图 6—6　安特拉斯-赫尔普曼模型中的排序

使用这种排序模式，我们可以确定选择每类组织形式的那部分企业的特征及其市场份额。安特拉斯和赫尔普曼指出，在总部密集度较低和生产率离散度较高的部门，离岸程度比较高。而且，在总部密集度较高的部门，正如图 6—6 中所描绘的排序模式那样，部门的总部密集度越高，或者其生产率离散度越高，相对于外包有更多的一体化——包括在母国和海外。

耶普尔（2006）使用 1994 年以来美国企业层面的数据以考察这些影响中的两个：总部密集度和生产率离散度对企业内进口份额的影响。这些数据覆盖了来自 58 个国家的进口，并被归类为 51 个制造业产业。他使用资本密集度和研发密集度作为总部密集度的代表，结果发现，在资本和研发密集度较高的部门和生产率较高的部门，企业内进口份额较高。这两个发现都符合理论预期，前者符合安特拉斯（2003）。

纳恩和柴夫勒（Nunn and Trefler，2008）使用不同且细致得多的美国贸易数据，找到了关于总部密集度和企业内进口份额间正相关的额外证据。[158]这些数据覆盖超过 5 000 种产品，被归类为 370 个部门，在 2000 年和 2005 年进口自 210 个国家。纳恩和柴夫勒发现，在资本和技能密集度越高，即总部密集度越高的部门，企业内贸易的份额越大。[160]当控制出口国的特征时，这种正相关关系是成立的。与耶普尔（2006）类似，他们发现，在生产率离散度越高的部门，企业内进口份额越大。然而重要的是，他们构建了 5 个总部密集度箱子，分别估计了每个箱子中总部密集度变动所产生的影响。该理论预测，对低总部密集度的部门来说影响为零，在高总部密集度的部门该影响为正，这就是纳恩和柴夫勒的发现。而且，当他们用资本或技能密集度衡量总部密集度时，得出的结果也与之类似。[161]

我们的理论讨论假定，企业仅需要一种零部件。然而实践中，需要许多不同的中间投入品以组装最终产品。因而企业可能对不同的中间投入品选择不同的一体化策略。例如汽车，生产商可能选择在母国企业内部生产引擎，将刹车外包给在母国的本地供应商，从在外国的非附属供应商进口座椅，还从在另一个国家的子公司进口挡风玻璃。在该例子中，企业参与所有 4 种组织形式。更一般地，企业根据其技术细节，可能参与任意数量的组织形式。科勒和斯莫尔卡（Kohler and Smolka，2009）研究的西班牙数据清楚地展示了这一点。他们使用了详细的基于商业策略调查的企业层面数据，这些数据由西班牙工业参股公司（the Sociedad Estatal de Participaciones Industriales）搜集，其吸引之处在于，它报告了每个企业如何获得中间投入品：通过外包还是一体化，从母国还是海外。

表 6—2 中列出了雇员超过 200 个的大企业的份额，这些企业在每种理论组织模式中都获得中间投入。这些企业中，34％在西班牙生产他们自己的投入，而 91％从非附属的西班牙供应商那儿购买投入；28％的企业从它们的外国子公司进口投入，66％从非附属的外国企业进口投入。表中 4 个格子的数量总和超过 1，因为一些企业涉及多种外包策略。[161] 在这些企业中，仅 1.5％完全在西班牙本企业内部生产中间投入品，仅 17.7％完全在西班牙外包其投入，而且仅 0.5％完全从外国子公司采购投入，仅 2.6％ 完全从外国非附属方采购投入。归总在一起，这些数据意味着，仅 22.3％的企业使用单一组织模式来获得其投入，其余使用多种组织模式。在使用多种组织模式的企业中，9.1％使用所有 4 种组织模式，最多的是仅使用国内和外国外包的组织模式，占 26.3％。在雇员人数低于 200 人的较小企业中，大部分都是仅使用国内外包的组织模式，占 56.3％，28.4％则仅使用国内和外国外包的组织模式（参见 Kohler and Smolka，2009，table 1）。

表 6—2　　西班牙企业在每种组织模式中所占的份额（2007 年）

	母国	离岸
一体化	0.34	0.28
外包	0.91	0.66

注：这些数据是关于雇员超过 200 个的企业。

资料来源：Kohler and Smolka（2009，table 2).

科勒和斯莫尔卡（2009）将每个企业归类到表 6—2 中描绘的 4 种组织

模式中的唯一一种——企业实施的组织模式中固定成本最高的那种，然后估计了每种组织形式相对于国内外包的生产率溢价。结果符合图 6—6 所描绘的排序模式：在母国外包的企业生产率优势最低，从外国子公司进口投入的跨国公司生产率优势最高，从无所属关系的企业进口中间投入品的西班牙企业具有中等生产率优势。然而，国内一体化企业的生产率优势与从无所属关系的企业进口中间品的企业的生产率优势，这两者间不存在显著区别（在统计意义上）。当以非排他性方式（即企业能属于超过一个箱子）将企业指派到 4 个箱子，生产率溢价的排序将不那么鲜明。而参与国内外包的企业比其他企业生产率低，这仍然是对的，所估计出的剩余 3 种组织形式的生产率溢价相互间不存在显著差异（在统计意义上）。为了解释该发现，我们需要关于采购的更复杂的模型，而这尚未可得。

迪菲尔和陶伯（Defever and Toubal，2010）对 1999 年法国跨国公司的研究为安特拉斯和赫尔普曼（2004）模型提供了支持，尽管他们对一体化和外包的固定成本的排序不同。这些公司认为，一体化的固定成本比外包的固定成本低。根据这一固定成本排序，该理论预期，在离岸的企业中，生产率最低的会成为跨国公司，并在外国附属机构生产它们的中间投入品，而生产率最高的会外包它们的中间投入品。此时，企业内贸易应该在低生产率企业间进行。因此，较高的生产率离散度会降低企业内贸易的份额。

在法国的数据里，所有交易中 21% 代表仅从附属机构的进口，64%代表仅从无所属关系的企业进口，15%代表两种类型皆而有之的进口。换句话说，正如在西班牙数据中那样，外包和一体化间的划分不像理论所认为的那么简单划一。然而，生产率排序符合理论：从无所属关系的企业进口的公司，其平均 TFP 比那些从附属机构进口的企业高出 20%（参见 Defever and Toubal，2010，table 1），而且生产率离散度较高的部门，企业内进口的份额更低。

还需要考虑合约摩擦（contractual fractions）规模，即确立或实施一个详细合同的难度。在前面的讨论中，我们假定投入的供应是不可合约化的，即买者和卖者间无法签订一份有意义的合约。然而，可合约化的程度因投入而不同。例如，对零部件会不同于对总部服务。考虑到这种变化，安特拉斯和赫尔普曼（2008）对理论进行了扩展。他们指出，在此情况下，重要的不是总部服务的相对重要性，而是总部服务中不可合约化部分的相对重要性。也就是说，我们应该考察总部服务中不可合约化部分乘以生产过程中的总部服务密集度，相对于零部件中不可合约化部分乘以生产过程中的零部件密集度的情况。而且，在低总部密集度的部门，外包高于一体化，合约化的程度应该不会影响企业内进口的份额。纳恩和柴夫勒（2008）在美国数据中发现了支持这些预期的证据。

对企业层面贸易的关注提供了关于商业企业采购模式和国际生产组织的新洞见。而且，其进一步揭示了贸易的部门结构，这远远超越了李嘉图、赫克歇尔-俄林或者赫尔普曼-克鲁格曼贸易模型。由于专业化的国际模式其复杂性随着时间而增长，国际贸易和投资方面的理论以及关于贸易流和跨国公司活动的实证研究也是如此。目前，本章所讨论的议题仍然位列国际经济学最活跃的研究领域中。

第7章 结 语

对国际参与的总衡量，例如贸易量或FDI存量，尚未充分反映国际相互依赖的程度。随着时间的推移，这些量的变化经常由经济、技术和政治力量所驱动，这些力量也改变了全球贸易和投资流的属性，因此影响国家间相互联结的形式与程度。这些发展也导致了国家间和商业企业间更加复杂的相互联系。所以，国际经济活动的研究不得不一次又一次地被重新关注，以体会和更好地理解不断演进的国家间影响彼此经济的渠道。

为了帮助大家形成这种理解，本书提供了一个能从最近两个世纪的学术文献中学到什么的概览。这方面的文献为数众多且各种各样，包括理论研究、实证研究和历史研究，提供了丰富而良好的关于全球经济运行的记录。然而其中许多研究本质上是技术性的，使用了大量的数学模型与计量技术，因而这些文献只能被那些在研究生院受过多年训练的专家所理解。然而，来自这些文献的重要洞见能够用平实简单的语言来解释，正如本书各章节所展示的那样。自然，这些解释还缺乏许多细节，这些细节有时候是非常有价值的，但这些解释忠实于原始的发现，并且涵盖了来自文献的关键主题。

贸易流的特征能在部门层面进行研究，正如大卫·李嘉图、伊莱·赫克歇尔和伯蒂尔·俄林等该领域先驱最初所设想的那样，或者在企业层面进行研究，正如最近所做的那样。不同的方法适合于讨论不同的问题。确实，整个领域的演进由理解世界经济重要特征的努力所驱动，这些特征随时间而改变，或者作为新证据的结果浮现。本书的章节按照头脑中的历史进程来组织，强调学术界对新证据和变化中的环境所做出的回应。在这些发展过程中，例如，垄断竞争被引入贸易理论及实践应用，并且在讨论新的问题时将企业异质性纳入。类似地，有关生产组织的传统方法对商业企业的边界并没有很好地界定，这种方法已经被更加复杂的观点所取代，包括离岸与外包部分价值链的决策。我们现在有丰富的理论和大量的证据来确认各国经济间相互依存的许多渠道，以及关于全球经济中贸易和FDI结构的复杂得多也细微得多的观点。

尽管本书的内容涉及广泛的领域，但还是有许多主题本书没有讨论。其中两个主题在近来的研究中备受关注，而其他的主题尚未如此。让我来详细说明这两个主题。

一个主题是关于多产品企业的作用。这种企业在前面的章节没有讨论，之前每个企业都被视为单个产品或一种差异化产品的单一品牌的销售者。然而，众所周知，许多企业生产多种产品，而且这些企业大而重要。根据伯纳德、雷丁和斯科特（Bernard，Redding and Schott，2010，table 1）的分类，1997年39%的美国制造企业供应多种产品，而且这些企业的运货量占87%。即，尽管多产品企业在企业总体中只占少数，但它们控制了大部分生产。而且，在国际贸易里，这类企业具有显著特色。伯纳德、詹森、雷丁和斯科特（2007，table 4）指出，在2000年，美国制造业中单一产品出口商占美国该产业出口企业的42.2%，而至少出口5种产品的企业占出口商的25.9%。另一方面，单一产品企业的出口额占总出口额的0.4%，而至少出口5种产品的多产品企业占该额的98.0%。换句话说，尽管至少出口5种产品的多产品出口商只占少数，但它们在美国出口中占支配性地位。

考虑到这个证据，读者可能会想知道，忽略多产品企业所得出的关于世界的更简单看法，会在多大程度上影响我们对全球贸易流的理解。直到现在，对该问题的回答还不清楚。一方面，目前关于多产品企业贸易的理论研究强调受贸易及贸易自由化影响的特定广度边际（即每个企业的产品数量）。[162]确实，出口商不仅在生产率和规模方面不同于非出口商，它们也生产更多的产品并改变跨国出口商品的数量。出于这些原因，探索国际贸易中多产品企业的作用是有意义的。换句话说，实证研究，例如伯纳德、雷丁和斯科特（2006）以及阿科拉克斯和孟德勒（Arkolakis and Muendler，2008）认为，由于多产品企业的存在，我们需要在重要的方面改变我们对于贸易的看法，但此观点还未令人信服。然而，关于这方面的研究并不是最终的，如果对跨国公司和经济增长进行更细致深入的研究可能会得出不同的结论。

第二个主题是关于贸易产品的质量，我们在第4章非常简要地触及了这个方面。关于产品质量，其衡量是一个问题，当研究大量国家间的贸易时更是如此，因为关于质量的数据不容易获得。学者因而试图从关于其他经济变量的观测中间接推测质量。在此情况下，我们从累积的证据中发现，质量在对外贸易中的作用是不确定的。

一种方法是将出口的单位价值作为质量的衡量，出口的单位价值代表出口篮子的价格指数。[163]按照这种观点，单位价值越高则表明产品质量越好。由于更富裕的国家出口单位价值更高的商品，于是这可以被理解为，一国的人均收入与其出口质量正相关。[164]另外，利用这种衡量，研究者已经发现，一国较高质量的出口不成比例地流向了收入较高的国家（参见Hallak，2006）。

然而，问题是，单位价值充其量是质量的不确切衡量，因为单位价值存在国别差异的原因不仅在于质量。例如，如果除垂直产品差异化（即质量导致的差异化）以外，还有水平产品差异化（这在第4—6章讨论过），那么当这些国家出口不同数量的品牌时，即使此时它们出口的质量相同，出口的单位价值也会存在国别差异。在这些情况下，出口更加多样化的国家，其出口的单位价值更低。哈拉克和斯科特（2010）提出了一种从部门数据中剔除这个因素的方法，其目的在于获得关于出口质量更可信的衡量，他们得出，这种修正对于1989—2003年间43个国家对美国出口的质量有着显著意义。[165]他们还从截面数据中发现，出口质量与出口者的人均收入正相关，但是他们也发现，在不同国家出口质量水平趋于一致的那些年，它们的人均收入并非如此。

哈拉克和斯科特还发现，按出口质量的国家排名随着时间发生很大的变化（参见 Hallak and Schott，2010，table 4）。瑞士在 1989 年出口质量最高，2003 年下降到第 4 名，而爱尔兰从第 11 位上升到第 1 位。新加坡和马来西亚是大赢家，前者从第 27 位上升到第 2 位，而后者从第 42 位上升到第 7 位。另一方面，澳大利亚和新西兰沿着质量阶梯下降，而中国停留在接近其初始状态的位置（中国从第 35 位到第 37 位）。所有这些发现都是有趣的，但是它们有内在的测量误差，误差的程度尚不清楚。

考虑到产业内企业的异质性，来自企业层面数据的出口价格也已经被用来研究不同质量产品的贸易模式。[166]遗憾的是，部门层面使用价格作为质量衡量所存在的缺陷也同样适用于该研究。菲尔霍根（Verhoogen，2008）是一个例外。他没有使用价格，而是用认证标准作为品质的衡量并考察了墨西哥企业在一场汇率冲击后对美国出口的品质升级。但即使在该研究中这种质量的衡量也是粗糙的。

另一个问题是关于方法论。绝大多数研究使用不变替代弹性方程来估计水平和垂直产品差异化，而坎多尔沃夫（Khandelwal，2009）和菲尔霍根（Verhoogen，2008）使用了 Logit 模型的一个变异版本。然而，许（Sheu，2010）指出，从产品多样性估计收益很容易受所使用方法的影响。她使用的是印度进口打印机的详细数据，这些数据包括产品的关键特征，例如速度。根据这些数据，她使用芬斯特拉（Feenstra，1994）两个版本的不变替代弹性需求方程，以及贝里、莱文索恩和帕克斯（Berry，Levinsohn and Pakes，1995）的随机系数离散选择模型，估计了得自贸易的福利收益。她阐明了估计结果是如何随着方法而变化的。尽管许使用特定产品以显示估计对于方法的依赖——并且对其他产品结果可能不一样——但她的发现听上去是对证据解释的警示性提示。

尽管有这些困难，但我相信，更好地理解不同质量产品的贸易大有裨益。在经济增长和发展的分析及多产品企业的研究中，质量可能是特别重要的。做出这个估计的原因是，经济增长由人力资本、物质资本和 TFP 增长的积累所驱动。最后一点特别重要，正如最近 25 年关于增长的文献中所强调的。[167]根据这种观点，创新能提高 TFP，创新还可能会降低成本，扩张最终产品和中间产品的数量，或者提高投入品和消费品的质量。额外的激励包括通用技术和制度的发展，后者起着技术变化促进者的作用。然而为了当前的目的，我们对多样性增长和质量升级特别感兴趣，其中每种都能促进长期增长和发展。由于国际贸易激发了发明全新产品和升级现有产品质量的动机，所以它通过这些途径影响增长和发展。因此，更好地理解贸易如何影响产品多样性和质量会让我们更好地理解增长与发展，从而制定出更有效的旨在提高生活水平的经济政策。

尽管有关增长的文献提供了对这些影响渠道的分析，但其见解依赖于20世纪80年代以来的贸易模型。[168]特别是，这些模型没有考虑最近已经被确认的对国际贸易的各种边际调整，例如贸易的广度边际和贸易品的质量。[169]如果贸易的广度边际被证明对增长是重要的，那么多产品企业可能也被证明是重要的，因为这些企业在决定贸易品范围方面起着不可或缺的作用。并且，垂直产品差异化产业沿着质量水平的专业化能显著影响增长。格罗斯曼和赫尔普曼（1991）以及阿洪和豪伊特（Aghion and Howitt, 1992）的质量阶梯模型初步讨论了该问题，而近来不同质量产品国际贸易的发展对这一机制的作用方式提供了新的洞见，大大超越了质量阶梯模型的简单版本。

而且，在增长的背景下，技术升级有可能导致商业企业生产率的变化。在这些情况下，企业生产率的分布是内生的并且随着时间而改变。然而，不同生产率水平企业升级其技术的动机取决于对外贸易，这引入了贸易与生产率增长间的另一种联系。[170]简而言之，通过将国际贸易的新观点融入现代增长和发展框架，我们能更好地理解在全球化世界中生活水平是如何提高的。

注　释

［1］麦考密克（McCormick，2001，chap. 4）和沃德-珀金斯（Ward-Perkins，2005）均将发现陶器的考古证据作为对生活水平和贸易的衡量。例如，麦考密克提到："从 3 世纪起，在运抵奥斯蒂亚和罗马的商品中，非洲商品日渐增多。最显著的是，它们替代了西班牙石油进口的位置，尽管后者的 5 300 万个（估计的）坏桶仍然沿着台伯河堆成了一座'山'（mountain）。"（p. 100）。沃德-珀金斯也讨论了这座"山"。

［2］这些地区是西欧、东欧、伊斯兰国家、撒哈拉以南的非洲、中亚、南亚、东南亚和东亚。

［3］奥罗克和威廉姆森（O'Rourke and Williamson，1999）全面论述了 19 世纪末 20 世纪初的全球化进程。

［4］我非常感谢凯文·奥罗克（Kevin O'Rourke）提供数据并允许我在作本图时使用这些数据。

［5］我非常感谢艾伦·泰勒（Alan Taylor）提供数据并允许我在作本图时使用这些数据。

[6] 波梅兰兹（Pomeranz，2000）也强调了煤的作用。

[7] 英国 1688 年的光荣革命被看作是上述政治制度变革的主要例子。诺思和温加斯特（North and Weingast，1989）认为，此举也极大地改善了英国的财政状况，这在之后的经济发展中起到了很大作用。

[8] 在此情况下，君主也接二连三地成为债务的违约者，因而损害了西班牙的经济发展。

[9] 这一观点是有局限的，因为要素服务贸易会将绝对优势方面的考虑纳入国际贸易流量的决定因素中，参见 Jones（1980）。

[10] 这一观点假定劳动能够用来生产布或生产酒，并且不存在其他使用机会。

[11] 1848 年，米尔在（Mill，1909）的“关于国际价值”（On International Values）这一章中首次对需求状况在相对价格决定中的作用进行了讨论。

[12] 尽管李嘉图没有对这一点进行明确讨论，但他的例子一直都被认为是反映了英国和葡萄牙在技术能力上的差异，而不是反映其在工人技能构成上的差异。这种解释与李嘉图的看法是一致的，即，如果可能的话，将英国工人全部迁移至葡萄牙是有效率的。这一观点中隐含了一个假设，那就是，定居在葡萄牙的英国工人能够生产与葡萄牙工人同等数量的商品，因为通过定居在葡萄牙，英国工人能够获得葡萄牙的技术。

[13] 麦肯齐（McKenzie，1953—1954）研究了存在中间投入品的李嘉图体系。

[14] 这一观点假定不存在运输成本、关税，以及其他贸易障碍，并且所有市场都是竞争的，因而每个人都是价格接受者。在第 4 章，我还会讨论其他与这种竞争的极端形式存在偏离的情况。

[15] 在本讨论中我假定酒是一种同质产品，即，不管是葡萄牙还是法国的哪家酒厂所生产的瓶装酒，它们彼此之间都是能够完全替代的。显然这与酒的实际情况不符，也与其他许多产品（例如服装、药品或汽车）的实际情况不符。我将在第 4 章讨论产品差异化和品牌扩散。

[16] 在这种分析中，我通常都假定每个国家贸易平衡。在实践中，贸易平衡的偏离很重要，但是这种偏离对贸易方向的影响一般很小。

[17] 由于预算约束，劳动需求不可能超过两个国家的供给，也不可能少于

两个国家的供给。

[18] 多恩布什、费希尔和萨缪尔森（1977）的研究中包括许多种产品，每种产品用行间距上的一个点代表。这种表示方法在技术上比较方便，但也不会影响经济观点。他们还使用了固定支出份额来简化需求，从而使李嘉图关于供给的观点变得更加明显易懂。威尔逊（Wilson，1980）对此进行了推广。对这方面文献做出过重要贡献的较早研究包括格雷厄姆（Graham，1948）和麦肯齐（1954）。

[19] 出口品价格相对于进口品价格下降被称之为贸易条件恶化。

[20] 有时一国以外国资产的形式贮存部分得自出口的收入。但是，如果这些外国资产从不用于支付商品和服务，它们显然对于一国的福利毫无益处。因此接下来就是，即使这些出口收入并不马上用于支付进口，但终归会用于该用途。16 和 17 世纪的重商主义观点认为，黄金或白银的积累（通过出口超过进口）直接促进了一国的繁荣，这一观点已经被现代学者所摒弃。

[21] 这被称之为运输成本的“融化冰山”（melting iceberg）公式，最初由萨缪尔森（1954）引入。（这个比喻是指，一座冰山在从出发地运送到遥远的目的地时，一部分会在路上融化。）赫尔普曼（1976）建立了一个国际贸易模型，将运输技术与生产技术以同样的方式进行处理。松山（Matsuyama，2007）秉承多恩布什、费希尔和萨缪尔森（1977）的精神发展了一个模型，在这个模型中，供应外国市场的技术不同于供应国内市场的技术。

[22] 20 世纪 50 年代和 20 世纪 60 年代出版的许多研究考察了相对成本与对第三国市场相对出口间的关系，以检验李嘉图理论（参见 McDougall，1951，1952；Stern，1962）。然而正巧，理论没有预测多国世界中这些变量间的清晰关系。因此，这些研究所得出的发现尽管有趣，但对该理论的检验价值有限。

[23] 更确切地说，他们假定劳动生产率服从弗雷歇（Fréchet）分布（或者 II 型极值分布）。

[24] 伊顿和科特姆（Eaton and Kortum，2002）没有详细描述他们模型的一般均衡结构。相反，他们只提出了预测每两个国家间的贸易流所必需的方程。阿尔瓦雷茨和卢卡斯（Alvarez and Lucas，2006）发展了伊顿-科特姆模型的完全一般均衡意义。

[25] 赫克歇尔最初的文章于1919年发表在一家瑞典的经济学期刊（*Ekonomisk Tidskrift* 21：497－512）上，1949年首次以节略版的形式翻译成英文。整篇文章更新后的译本，以《外贸对收入分配的影响》（*The Effect of Foreign Trade on the Distribution of Income*）为题，见于弗洛姆和弗兰德斯（Flam and Flanders，1991）。俄林最初的文稿是在1924年作为博士论文以瑞典语发表的，被提交给了现今的斯德哥尔摩大学（the University of Stockholm）。该论文的完整翻译，题为《贸易理论》（*The Theory of Trade*），也发表在弗洛姆和弗兰德斯（1991）上。这篇博士论文的扩展版本于1933年作为书籍出版，书名为《区域间贸易和国际贸易》（*Interregional and International Trade*），参见俄林（1933）。

[26] 在师从伊莱·赫克歇尔之后，俄林继续与古斯塔夫·卡斯尔（Gustav Cassel）撰写论文，后者是赫克歇尔在学术上的竞争对手。俄林与卡斯尔的结合导致他与赫克歇尔关系紧张，参见 Flam and Flanders (1991)。

[27] 如果所有投入按一定比例增加会导致产出以更高的比例增长，那么该技术显示出规模经济特征；如果所有投入按一定比例增加，但产出的增长低于这一比例，那么该技术显示出规模不经济特征；如果所有投入按一定比例增加会导致产出以同样的比例增长，那么该技术不存在规模经济或规模不经济特征。赫克歇尔，特别是俄林将规模经济作为比较成本的独立来源进行了探讨。我将在第4章考察规模经济的作用。

[28] 俄林对相对稀缺性（也就是生产要素的相对价格）的作用做了几乎同样的论述："因此结论是，区域间贸易的起因在于生产要素相对稀缺性的差异，每一个区域都通过其要素和商品的价格体现了这一点，具体说来，相比那些'国外的'（abroad）要素和商品的价格来说，本地区某些要素和商品的绝对价格较低，而某些要素和商品的绝对价格较高。这种生产绝对成本和价格方面的差异是贸易的直接起因，并导致每个地区专业生产那些比在其他地区生产更便宜的商品"（Ohlin，1924，p. 89 in Flam and Flanders，1991）。

[29] 但是，俄林并没有考虑将要素价格均等化作为一种可能的结果。参见本章后面以及下一章关于贸易对要素价格影响的进一步讨论。

[30] 福特（Ford，1982）指出，只要资本与劳动的相对价格存在国别差异，那么在某些情况下（例如资本与劳动之间的替代弹性在所有产业

相等)，赫克歇尔-俄林模型会获得李嘉图模型的一个关键特征，即部门的相对劳动要求排序正好与相对成本排序一致。在这些情况下，相对劳动要求不是由地理或“自然”特征所驱动，如同在李嘉图世界中那样，而是由部门间单位产出所使用资本的差别所驱动。

[31] 如果要素密集度的排序可以改变，那么事前与事后的预测可能不一致，这就意味着部门按照要素密集度的排序对要素价格是敏感的。在这些情况下，给定一组要素价格后根据要素密集度对部门排序，不同于给定不同要素价格组后根据要素密集度对部门排序，参见奇普曼(Chipman，1966）对此问题的文献综述。

[32] 对这一重要结果的简单推导可以参见 Dixit and Norman（1980，chap. 4）和 Helpman and Krugman（1985，chap. 1）。

[33] 与许多经济模型类似，该模型也关注一个特定问题，并且在其他方面得出了与事实相反的结果。当出现这种情况时，模型对于其所关注的问题的预测能力如何就成为一个大问题，后面我们将更细致深入地讨论该问题。

[34] 这要求按照以下方式构建数据：部门的数量等于生产要素的数量，并且得出的每单位产出所需要的投入满足部门之间相互独立这一技术条件。利墨（Leamer，1984）确实是用这种方式构建其数据的。

[35] 我使用净出口作为预测变量，这是因为，在通常的部门数据集加总水平上，国家是在部门内进出口产品，这被称为“产业内贸易”（intra-industry trade)。然而理论只能预测一个方向的贸易。该问题将在第 4 章更加深入细致地讨论。现在需要注意的是，如果一国的出口超过进口，那么该国净出口为正，而如果一国出口少于其进口，那么该国净出口为负。

[36] 利墨（1984）的数据覆盖了 6 个国家和 11 种生产要素：资本；按技能水平不同划分的 3 种类型的劳动；按气候特性不同划分的 4 种类型的土地；煤；矿产品；石油。该数据还覆盖了 11 个部门，表中列出了其中 10 个。第 11 个部门被定义为国民生产总值（GNP）的其他部分。

[37] 我们不必考虑这些系数的大小，因为其估计的精确程度不一，而应该仅仅关注这些系数的符号，也就是说，是正号还是负号。

[38] 利墨（1984）发现，在除了机械和化学制品之外的所有部门，线性关系都是很好的近似，但数据显示这两个部门可能是非线性的。

[39] 在亨特（Hunter，1991）中，假定同一偏好在所有国家占主导地位，除了预算份额要取决于人均收入（即偏好不是位似的）以外。该文估算了 34 个国家合计超过 11 种商品的线性支出体系。该文还进行了反事实的计算以估计偏离位似偏好所导致的贸易量。结果显示，非位似偏好也许能解释 1/4 的产业间贸易流。

[40] 追随利墨的这一见解，有大量的研究考察了投入和产出间的线性关系。例如，参见 Harrigan（1995）和 Reeve（2006）。

[41] 通过假定商品价格不变，从而要素价格也不会改变，一般能够确保部门要素强度水平不变。

[42] 琼斯（Jones，1965）中非常精巧地推导了罗伯津斯基定理（Rybczynski Theorem）、赫克歇尔-俄林定理（Heckscher-Ohlin Theorem）以及两部门和两生产要素情况下的许多其他结果。

[43] 菲茨杰拉德和哈拉克（Fitzgerald and Hallak，2004）认为，对罗伯津斯基系数的通常估计是有偏的，因为它们没有考虑国家间的生产率差异。这种偏误也解释了资本对于绝大多数制造业的产出水平具有正效应这一普遍发现。

[44] 要素价格均等化是一个强假设，它要求要素禀赋的构成在国家之间不存在太大差异。并且，正如下面将要解释的，该假设对于要素含量分析有着特别强的含义。

[45] 只要存在要素价格均等化，这些预测结果就不依赖于基本投入的数量或部门的数量。然而，当商品数量超过要素数量时，后者更有可能发生。

[46] 我们应该使用国内吸收而不是消费，因为国内吸收包括消费、投资和政府支出。然而为了阐释得更清楚，我将使用消费。

[47] 正如结果所显示的，数据中的其他关系不符合美国是资本丰裕国家的情况，参见布雷彻和乔杜里（Brecher and Choudhri，1982）以及接下来要讨论的关于瓦尼克等式的实证检验。

[48] 柴夫勒（Trefler，1993）在一个模型中估计了国家层面的要素有偏的（factor-biased）技术差异，这个模型假设修正的瓦尼克方程是完全成立的。他指出，劳动生产率的测量结果与工资高度相关，资本生产率的测量结果与资本成本高度相关。

[49] 戴维斯、温斯坦、布拉德福德和辛普（Davis，Weinstein，Bradford，

and Shimpo，1997）发现，在试图解释日本各地区间贸易的要素含量时，投入产出系数方面的差异并不是必要的。这符合要素价格在同一国内的区域间比在各国之间更相似的观点。

[50] 这些法规在1846年被废止，当时英国采取了自由贸易政策。

[51] 该叙述假定个体对于经济中配置商品的机制没有直接偏好，而仅仅关注分配本身。自然，实际情况不太可能是这样，因为人们在指令性经济中可能不如在能够自由选择的经济中那么满意。

[52] 此论述中隐含的假设是：通心粉和奶酪的边际转换率不取决于转换的方向，即，与我们是增加通心粉的生产还是增加奶酪的生产无关。这是经济模型中通常的假设，然而这在关于贸易获益的论证中并不处于核心地位。

[53] 在此论述中，资源无成本地从一个部门转移到另一个部门，这意味着没有考虑贸易开放可能导致的调整成本，如暂时闲置投入或诸如迁移支出这样的实际移位成本。

[54] 由于每个人拥有同样的资源组合，每个人的收入相同，因此每个人都面临同样的预算约束。在此情况下，每个人会选择同样的消费篮子，因为他们都具有同样的偏好。

[55] 参见迪克希特和诺曼（Dixit and Norman，1980）中的巧妙证明。

[56] 这里要提一下贸易收支约束，正如国际贸易理论通常所做的那样。

[57] 如果该国贸易流量大到足以影响世界价格，那么这些转换率就不是恒定的，但是这种可能性并不影响文中的论述。

[58] 欧文（Irwin）估计的低点是国民生产总值的4.2%，高点是5.5%。

[59] 参见Bernhofen and Brown（2005）。

[60] 在新古典经济中，这两种产出衡量的差为正。

[61] 我感谢约翰·布朗（John Brown）为此图提供数据。

[62] 该结果来自于一个事实，即在贸易均衡中，以每种商品衡量的工人工资，其购买力至少与其在自给自足状态下一样高。原因是，在贸易均衡中，以国家生产的商品来衡量的工人工资是与原来相同的，但是以进口品来衡量的工人工资更高，因为进口品在外国更便宜。

[63] 如果酒的价格比布的价格高50%，那么英国和葡萄牙都想出口酒；而如果酒的价格比布的价格高不到35%，那么英国和葡萄牙都想进口酒。这些结果哪一种都不可行。如果酒的价格比布的价格高出35%～

50%，那么英国想进口酒而葡萄牙想出口酒。而且，在关于偏好的标准假设下，在35%～50%之间总会存在一个价格使得英国对酒的进口正好等于葡萄牙对酒的出口。

[64] 论证过程如下：在规模收益不变的竞争性经济中，商品的价格等于其单位成本。因此，当产品价格上升时，至少一种投入的价格应该上涨以确保该产品的单位成本同等上升。但是，其他产品的单位成本不变，因为其他产品的价格不变。因此，如果一些要素的回报提高，应该有其他要素的回报下降。于是我们可以得出，至少一种要素的回报必须降低。如果至少一种要素的回报降低，而且价格上涨产品的单位成本与其价格上涨成比例，那么这意味着应该有一种要素价格的上涨幅度超过了产品价格上涨的幅度。为什么呢？因为所有要素回报增长的加权平均应该与产品价格上涨相等，所以为弥补一种要素回报的降低，应该有另一种要素回报以更高幅度上升。

[65] 大山（Ohyama，1972）对该问题进行了更一般性的分析。

[66] 大国的重新分配计划会影响国际价格，但只要在贸易均衡中考察的价格比率是导致重新分配计划发生的那个价格比率，该论证的性质就不会改变。重点是，文中的论证适用于每种可能的价格结构。

[67] 为了说明原因，注意在此经济中总私人净收入等于GDP减去定额税加上定额补贴。在重新分配计划的选择中，该私人净收入等于以国际价格估值的自给自足消费金额。但是，自给自足消费等于自给自足生产，于是私人净收入等于以国际价格估值的自给自足产出额。这意味着，政府的净征税（即税收减去补贴）等于GDP减去在贸易均衡中生产自给自足产出水平时该国的GDP。由于新古典经济中的竞争确保了现行价格下最高的GDP水平，其差为正，因此政府有预算盈余。参见迪克希特和诺曼（1980）的另一种（然而也是与之相关的）观点，即，存在确保所有人从贸易中获益的定额税和补贴。

[68] 我感谢彼得·克莱诺（Peter Klenow）提供此图的数据。随后本章将讨论那些需要跳出传统比较优势来思考的其他贸易特征。

[69] 克鲁格曼（Krugman，1979）和兰开斯特（Lancaster，979，chap. 10）提出了第一个正式的单部门差异产品贸易模型。尽管他们的模型在诸多细节上不同，但两者都被用来说明产业内同一产品不同品牌的贸易是如何发生的。兰开斯特（1980）、迪克希特和诺曼（1980，

chap. 9）以及赫尔普曼（1981）将产品差异融入要素比例，阐释了产业内贸易和产业间贸易是如何能够共存的。赫尔普曼和克鲁格曼（1985）提出了一个综合性处理办法，这就是我们所熟知的“新贸易理论”（new trade theory）。所有这些研究都是建立在钱伯林（Chamberlin，1933）这一具有重大影响的工作的基础上。

[70] 尽管原则上一项技术会在某些投入组合下显示出规模经济特征，而在另一些投入组合下显示出报酬递减特征，但我们通常假定这种复杂情况不存在。

[71] 为简单起见，我们不考虑他所使用的工具。

[72] 赫尔普曼和克鲁格曼（1985，chap. 3）提供了关于这些问题的详细讨论，并将格雷厄姆的论述放入了一个更广义的语境中。他们也讨论了与具体国家无关的外部经济（即，一个企业的生产率取决于该产业的世界产出而不是国内产出的情况）。在后一种情况中，正如瓦伊纳（Viner）所指出的，格雷厄姆的推测不一定成立。

[73] 该企业的要价不会超过其平均成本，因为这样的话，另一个企业可以选择一个比它低的定价，从而获得正利润。

[74] 与传统的李嘉图世界不同，这里存在一国可能无法从贸易中获益的可能性。然而，格罗斯曼和罗西-汉斯伯格（Grossman and Rossi-Hansberg，2010）认为，如果偏好显示出所有产品间的替代弹性是不变的，那么不仅专业化模式是独一无二的，而且每个国家都会从贸易中获益。

[75] 卡夫斯、克里斯坦森和斯旺森（Caves，Christensen and Swanson，1981）估计出 1955—1974 年期间美国铁路存在大的规模经济（即，递减的平均成本），克里斯坦森和格林（Christensen and Greene，1976）发现 1955 年美国发电部门存在大的规模经济，而在 20 世纪 70 年代则逐渐减少了。

[76] 然而，这些部门的规模经济比上面提到的除林业之外的自然资源产业的规模经济更大。对其他部门（例如基础化工、纸浆纸张、玻璃制品和烟草）的规模经济程度的估计，还不能清楚地确定它们规模经济的情况。

[77] 波特（Porter，1990）提供了许多这样的例子，尽管他强调，聚集经济（economies of agglomeration）在国家竞争性优势的形成中起着关键作用。

[78] 赫尔普曼和克鲁格曼（1985）也讨论了各种形式的寡头竞争，这些形式适用于产品差异化有限的产业，然而这些市场结构对于本书的主题而言不那么重要。

[79] 除了与固定成本相关的规模经济，产出量也会产生规模经济，即制造的可变单位成本可能会随产出水平下降。

[80] 参见 http://www.fda.gov/buyonlineguide/generics_q&a.htm，2009 年 3 月 10 日。

[81] 在本研究中，对多样性的实证定义是，从特定国家进口的产品种类。例如，在 1988 年有 12 822 个产品种类，每一种平均从 12.2 个国家进口，总计产生 156 669 种品牌。参见 Broda and Weinstein（2006，table 1）。

[82] 经多样性调整的价格指数衡量了进口一单位的成本，其中这个单位是根据对福利的贡献来定义的，它不仅考虑了进口价格，还考虑了进口多样性的范围。

[83] 与同质产品的要素比例法不同，同质产品的李嘉图法符合引力方程。

[84] 也可以参见 Helpman and Krugman（1985）。

[85] 在该例中，比例系数等于 2 除以世界 GDP 水平，这对每两个国家而言都一样。类似的计算适用于多恩布什、费希尔和萨缪尔森（1977）或者伊顿和科特姆（Eaton and Kortum，2002）的李嘉图模型，因为在这些情况中也是每个国家生产有区别的产品。

[86] 关于富国间贸易中的要素比例与产业内专业化这一假设是由赫梅尔和莱文索恩（Hummels and Levinsohn，1995）提出来的，他们后来又指出，实际数据拒绝了该假设。但是迪拜埃尔（Debaere，2005）认为，这种拒绝是因为他们的贸易方程形式不适宜，其中贸易量是用水平形式而不是作为与 GDP 的比率进行估计的。而且，伊文尼特和内勒（Evenett and Keller，2002）指出，两个贸易国之间的产业内贸易份额越大，收入水平相似度对双边贸易流解释得越好。换句话说，正如理论所表明的那样，差异化产品的贸易越重要，引力的力量越显著。

[87] 尽管人均 GDP 水平更接近可能是由资本劳动比相似度更高以外的因素驱动，但在数据中，人均 GDP 水平的相似度与资本劳动比的相似度二者间的相关性很高，而且对人均 GDP 的衡量比资本劳动比更准确。

[88] 汉森和项（Hanson and Xiang，2004）扩展了克鲁格曼的模型以证明

这些观点。

[89] 参见 Fajgelbaum，Grossman and Helpman（2009）。

[90] 我感谢约翰·若马里斯（John Romalis）为本图提供数据。

[91] 探讨制度在经济活动中的作用是一个更广泛的趋势，他的研究代表了这一趋势的一部分。

[92] 格罗斯曼和哈特（Grossman and Hart，1986）以及哈特和穆尔（Hart and Moore，1990）提倡在不完备合同环境下分析经济关系。我们将在第 6 章讨论他们的方法。

[93] 列夫琴科（Levchenko，2007）也发现了对国家间法律制度质量方面的差异会影响贸易流这一观点的支持证据，尽管在估算中他是使用部门复杂度而不是合同密集度来衡量的。科斯蒂诺特（Costinot，2009）也研究了部门复杂度对贸易流的影响，只是在估算贸易流时他放弃了法律制度质量的差异。他对制度质量的衡量方法与纳恩（Nunn，2007）也使用过的所谓“法律规则”（The Rule of Law）的衡量方法高度相关，参见 Costinot（2009，figure 4）。

[94] 加拿大的情况参见 Baldwin and Gu（2003）；哥伦比亚、墨西哥和摩洛哥的情况参见 Clerides，Lach and Tybout（1998）；法国的情况参见 Bernard，Eaton，Jensen and Kortum（2003）和 Eaton，Kortum and Kramarz（2004）；西班牙的情况参见 Delgado，Fariñas and Ruano（2002）；中国台湾的情况参见 Aw，Chung and Roberts（2000）。

[95] 哥伦比亚的情况参见 Roberts and Tybout（1997），美国的情况参见 Bernard and Jensen（2004）。

[96] 参见 Bernard，Jensen，Redding and Schott（2007，table 2）。

[97] 参见 Bernard，Jensen，Redding and Schott（2007，table 3）。

[98] 参见 Bernard，Jensen，Redding and Schott（2007，table 2）。

[99] 伯纳德、伊顿、詹森和科特姆（2003）提出了另一个解释这一发现的模型，然而梅里兹的框架已经成为同业标准。

[100] 目前我尚未考虑外国直接投资的选择，这将在第 6 章讨论。

[101] 特别是，前者意味着，在诸如制造等产生可变成本的活动中，与在诸如研究与开发等产生固定成本的活动中，其投入组成相同。

[102] 关于这一文献方面的近期成果，参见 Anderson and van Wincoop（2003）。

[103] 在赫尔普曼、梅里兹和鲁宾斯坦那个有158个国家的样本中，大约一半的双边观测值中包括零贸易。

[104] 巴里斯特瑞（Balistreri）、黑尔拜瑞（Hillberry）和拉瑟福德（Rutherford）比较的这两个模型有同样的参数，且制造业企业有同样的平均生产率，这是通过数据估算或校准出来的。在“标准”模型中，企业平均生产率并不随贸易自由化而改变，而在异质性企业模型中，企业平均生产率会随贸易自由化而改变。

[105] 加成（即一种产品的价格及其生产的边际成本二者间的差额）的降低，也是贸易或贸易自由化获益的一个来源。关于这一机制，参见Melitz and Ottaviano（2008）和Feenstra and Weinstein（2010）。

[106] 芬斯特拉（Feenstra，2009）清楚地解释了该分析结果，他指出，该结果高度取决于戴米多瓦（Demidova）、克莱诺（Klenow）和罗德里格斯-克莱尔（Rodríguez-Clare）分析中的假设，即各品种之间的替代弹性是不变的。在替代弹性变化的情况下，外国和母国对本国市场的进入不会完全抵消。

[107] 参见欧盟委员会（European Commission），http：//ec.europa.eu/social/main.jsp? catId=101&langId=en，2009年9月25日。

[108] 参见欧盟议会（European Parliament），http：//www.europarl.europa.eu/summits/lis1_en.htm，2009年9月25日。

[109] 表5.4报告了小样本国家的这些指数，世界银行的网站上提供了100多个国家的指数。

[110] 参见皮萨瑞德斯（Pissarides，2000）中所采用的教科书式的处理办法。关于贸易和劳动市场摩擦的文献包括对最低工资的研究，例如布雷彻（Brecher，1974）；隐含契约，例如马特兹（Matusz，1986）；效率工资，例如科普兰（Copeland，1989）。

[111] 前者参见Pissarides（2000），后者参见Davidson，Martin and Matusz（1999）。

[112] 搜寻和匹配最近已经被纳入到商业周期分析中，参见Shimer（2005）。

[113] 参见http：//www.bls.gov/news.release/jolts.htm和http：//www.bls.gov/news.release/empsit.t08.htm，2009年9月29日。

[114] 尽管绝大多数这种研究都是考察劳动力的流入和流出导致长期失业这一动态情景，但我将从动态中抽离，通过考察静态环境来简化分

析，正如本书直到目前所做的那样。出于此目的，考虑匹配过程是有用的，此过程导致匹配的数量小于空缺的数量和搜寻工作的个体的数量。在这些情况下，不是所有的空缺都被填满，也不是所有的工人都找到了工作。

[115] 我没有考虑政策，例如失业保险和离职金，但是可以参见 Helpman and Itskhoki (2010) 中的讨论。

[116] 雇用一个工人的成本等于空缺成本除以填满空缺的概率，这种衡量在以后的分析中会起关键作用，但在同质和差异化部门会有所不同。

[117] 参见 http：//www. bls. gov/cps/cpsaat26. pdf，2009 年 9 月 29 日。

[118] 在同质部门，企业和每个工人平等分享从其关系中所获得的盈余。在差异化产品部门，工资的讨价还价是多边的，并且是以斯托尔和茨维伯（Stole and Zwiebel，1996a，b）所提出的方式进行的。

[119] 该结果也意味着，尽管劳动市场存在摩擦，但两个国家都会从贸易中获益。

[120] 这些图描绘了赫尔普曼和伊特斯胡克（Helpman and Itskhoki，2010）中所得出的结果，这些结果是在假设同质产品部门不存在劳动市场摩擦的情况下，通过数值模拟得出来的。

[121] 这类工资不平等经常被称之为“残差”（residual）或“群体内”（within group）工资不平等，相关证据参见 Lemieux（2006）以及 Autor，Katz and Kearney（2008）。

[122] 参见赫尔普曼（2004，chap. 6）中关于证据和其他解释的论述，也可以参见戈德堡和帕夫尼克（Goldberg and Pavcnik，2007）中关于不平等性上升的讨论。

[123] 直到目前，仍然缺乏对该问题做出一个判断所需要的定量证据。

[124] 关于这一结果以及后续的讨论，参见赫尔普曼、伊特斯胡克和雷丁（Helpman，Itskhoki，and Redding，2010b）。

[125] 该图是根据赫尔普曼、伊特斯胡克和雷丁（Helpman，Itskhoki，and Redding，2010b）的模拟结果作出来的。

[126] 关于层级管理结构的扁平化，参见 Rajan and Wulf（2006）。

[127] 关于运输方面的证据，参见 Bardi and Tracey（1991）；关于卫生保健方面的证据，参见 Gardner（1991）；关于汽车方面的证据，参见 Helper（1991）；关于其他部门的证据，参见 Abraham and Taylor

(1996) 以及 Bartel, Lach and Sicherman (2005)。

[128] 另外，赫梅尔、石井和易（Hummels, Ishii and Yi, 2001）以及叶芝（Yeats, 2001）发现，中间投入品国际贸易比最终产品贸易的增长快得多。易（Yi, 2003）建立了一个模型来解释这种趋势，该模型中考虑了各个生产阶段。美国跨国公司附属机构间的贸易也快速增长，尽管比美国企业的海外外包稍慢。参见 Hanson, Mataloni and Slaughter (2005)。

[129] 参见 UNCTAD (2008)。之前流入 FDI 的最高点是在 2000 年，超过 1.4 万亿美元，但是随着高科技公司股价的下跌，FDI 骤降至 2003 年的 5 600 亿美元，参见 UNCTAD (2004)，但 2006 年回复到 2000 年的峰值，2007 年 FDI 甚至攀升得更高，参见 UNCTAD (2008, table 2.1)。

[130] 参见 UNCTAD (2008, table 2.1)。

[131] UNCTAD 世界投资报告在流量之外还提供了对 FDI 存量的测度，这更好地反映了跨国公司在外国的参与情况。例如，2007 年，FDI 流入的存量是 15.2 万亿，而 FDI 的流入量是 1.8 万亿（参见 UNCTAD, 2008, table 1.4)。但即使是 FDI 存量也没有适当地衡量跨国公司在外国控制的程度，因为它们经常利用来自东道国金融机构的贷款杠杆化它们的投资，而相对于母公司的投资，这些贷款数额可能非常巨大。而且，即使修正 FDI 存量中的当地融资，也不会与跨国公司子公司的资本投资、销售或就业准确相关。

[132] 附属方是指一家跨国公司的母公司和子公司。

[133] 界定的范围不同，这些数字也会不同。在经济分析局的统计中，附属机构被界定为，其母公司持有至少 10%所有权（对出口商）和 6%所有权（对进口商）的外国实体。在此界定下，许多企业被视为跨国公司。但在更严格的界定中，仅记入多数股权附属机构。伯纳德、詹森、雷丁和斯科特（Bernard, Jensen, Redding, and Schott, 2010b）使用了多数股权跨国公司的数据，根据他们的估计，企业内进口合计仅占美国 2000 年进口的 46%。该份额在外国出口商间差异巨大：在来自巴基斯坦的进口中，这一份额大约是 3.5%；在来自中国的进口中，这一份额大约是 18%；在来自俄罗斯的进口中，这一份额是 26.6%；在来自德国的进口中，这一份额接近 65%；在来自

新喀里多尼亚（New Caledonia）的进口中，这一份额是 97%。

[134] 这会间接影响对外贸易，因为引擎的本国供应商可能需要进口钢铁或其他投入品以履行该汽车生产商的订单。

[135] 确实，朱和柴夫勒（Zhu and Trefler，2005）指出，当欠发达国家与发达国家进行贸易且无 FDI 跨境流动，但欠发达国家在技术上赶上发达国家时，会有类似结果。

[136] 赫尔普曼（Helpman，1984b）和马库森（Markusen，1984）均假定，当企业发现在外国建立工厂有利可图时，保留对子公司的控制权也有利可图。埃希尔（Ethier，1986）构建了一个模型，并利用这一模型明确分析了有关控制的决策。在 6.5 节我将回到内部化决策上来。

[137] 对于这类 FDI 的讨论，参见 Grossman，Helpman and Szeidl（2006）以及 Ekholm，Forslid and Markusen（2007）。

[138] 尽管邓宁的折中方法在构造上不足以进行清楚的理论预测，但该方法催生了大量的实证文献，其中许多在卡夫斯（Caves，2007）中都有提到。特别有趣的是，这些研究确定了与 FDI 相关的部门特征。

[139] 尽管同一类型的推理适用于同质产品，但最好将该企业视为差异产品的一种品牌的供应者。对于后者，参见 Markusen（1984）。

[140] 在图中，利润曲线是线性的，尽管一般情况下会有一些弯曲。重要的特征是，两条曲线都随市场规模而上升，而它们的曲率对接下来的论证不重要。

[141] 也有观点认为，因为预期到美国的保护程度会更高，所以那时日本汽车生产商先发制人进行 FDI。关于该讨论，参见 Grossman and Helpman（1996）。

[142] 卡尔、马库森和马库斯（Carr，Markusen and Maskus，2001）强调了市场规模的作用。

[143] 参见前面章节中关于梅里兹模型的讨论。

[144] 在这些研究中，部分报告的是劳动生产率的啄食次序，另一些报告的是 TFP，富浦（Tomiura，2007）报告了两者。

[145] 赫尔普曼、梅里兹和耶普尔（Helpman，Melitz，and Yeaple，2004）在包括 38 个目的国的更大样本基础上得出了类似的估计。

[146] 帕累托分布的形状参数代表对离散程度的衡量。

[147] 回想一下，要素含量预测是，国家会出口相对于世界其禀赋更为丰裕的每种投入的要素含量，进口相对于世界其禀赋更为贫乏的每种投入的要素含量。瓦尼克（Vanek，1968）方程提供了关于这些关系的确切公式。

[148] 更确切地说，耶普尔（Yeaple，2003a）用属于水平和垂直 FDI 的变量对出口除以出口与子公司销售之和进行了回归。

[149] 在马来西亚，美国子公司总销售的 39%出口回美国，28%出口到第三国，而菲律宾的这两个比率分别是 35%和 38%。

[150] MNE 指跨国公司（multinational enterprise）。

[151] 关于企业理论的交易成本方法，参见 Wilamson（1975）。

[152] 前者是根据霍姆斯特龙和米尔格罗姆（Holmström and Milgrom，1991），而后者是根据阿洪和梯若尔（Aghion and Tirole，1997）。

[153] 不完备合同情况下的产权方法由格罗斯曼和哈特（Grossman and Hart，1986）以及哈特和穆尔（Hart and Moore，1990）提出。

[154] 正如读者所能想象的，这太简单了，但它抓住了不完备合同这一基本方法的本质。

[155] 数据覆盖 1987、1989、1992 和 1994 等年份。

[156] 我感谢波尔·安特拉斯（Pol Antràs）提供本图的数据，该图基本上是复制了安特拉斯（Antràs，2003）中的图 2。

[157] 迪菲尔和陶伯（Defever and Toubal，2010）报告说，工业统计研究服务中心（Service des Études Statistiques Industrielles）所作的一项关于法国跨国公司的调查发现，这些企业觉得外包的固定成本比垂直一体化的固定成本高。我将在后面讨论法国的数据。

[158] Yeaple（2006）使用的是美国经济分析局的数据，而纳恩和柴夫勒（2008）使用的是来自美国人口普查局的数据。前者数据是保密的，而后者不是。

[159] 由于在该分解层次上没有关于研发密集度的数据，纳恩和柴夫勒因而将技能密集度作为对总部密集度的替代来进行考察。

[160] 利用 1997 年的类似数据，伯纳德、詹森、雷丁和斯科特（Bernard，Jensen，Redding and Schott，2010a）也指出了一个部门的资本密集度与其企业内进口份额间的正相关关系。而且，他们发现，对于来自资本丰裕国资本密集部门的进口，该份额相对较高。然而，尽管

与纳恩和柴夫勒（2008）一致，但他们发现，更高的技能密集度提高了企业内进口的份额。他们也发现，对于来自技能较为稀缺的国家的进口，该份额更高。换句话说，来自资本更丰裕国家的进口有更高的企业内贸易份额，来自技能丰裕国的进口有更低的企业内贸易份额。资本与技能的这种区别让人疑惑不解，因为资本与技能通常被认为在生产中是互补的，对此迄今尚未有解释。

[161] 对雇员人数少于 200 人的较小企业而言也是如此，相对于较大企业，这些企业在母国和海外外包更多，参见 Kohler and Smolka（2009，table 2）。

[162] 参见 Nocke and Yeaple（2006）、Bernard，Redding and Schott（2006）、Feenstra and Ma（2008）、Arkolakis and Muendler（2008），以及 Eckel and Neary（2010）。

[163] 单位价值是用出口额除以数量计算出来的。这里的数量可以是重量，例如钢铁的公斤数，也可以是单位数量，例如电视机的台数。在后一个例子里，电视机的单位价值可能反映了平均价格，平均价格取决于相对于小屏电视机有多少大屏电视机出口。

[164] 参见 Schott（2004），Hummels and Klenow（2005）以及 Hallak and Schott（2010）。

[165] 坎多尔沃夫（Khandelwa，2009）使用了不同方法估算美国进口的质量，也解释了垂直产品差异化。

[166] 参见，例如 Johnson（2010）和 Manova and Zhang（2009）。

[167] 相关综述参见赫尔普曼（2004）。

[168] 参见 Helpman（2004，chap. 5）。

[169] 然而，阿特金森和伯斯坦（Atkison and Burstein，2010）中提供了一些近期发现的例外情况。

[170] 关于学者们在探究这种联系方面所做的尝试，参见 Costantini and Melitz（2008）以及 Bustos（2009）。在最近正在进行的工作中，伯斯坦和梅里兹已经确认了一些有趣的转换动态，它们是由企业的出口决策与技术投资决策这两者间的互动所导致的。

参考文献

Abraham，Katharine G. and Susan K. Taylor. 1996. "Firms' Use of Outside Contractors：Theory and Evidence." *Journal of Labor Economics* 14：394－424.

Acemoglu，Daron，Simon Johnson and James Robinson. 2005. "The Rise of Europe：Atlantic Trade，Institutional Change，and Economic Growth." *American Economic Review* 95：546－579.

Aghion，Philippe and Jean Tirole. 1997. "Formal and Real Authority in Organizations." *Journal of Political Economy* 105：1－29.

Allen，Robert C. 2009. *The British Industrial Revolution in Global Perspective* (Cambridge，UK：Cambridge University Press).

Alvarez，Fernando and Robert E. Lucas，Jr. 2007. "General Equilibrium Analysis of the Eaton-Kortum Model of International Trade." *Journal of Monetary Economics* 54：1726－1768.

Anderson，James and Eric van Wincoop. 2003. "Gravity with Gravitas：A Solution to the Border Puzzle." *American Economic Review* 93: 170 -192.

Antràs, Pol. 2003. "Firms, Contracts, and Trade Structure." *Quarterly Journal of Economics* 118: 1375 - 1418.

Antràs, Pol and Elhanan Helpman. 2004. "Global Sourcing." *Journal of Political Economy* 112: 552 - 580.

Antràs, Pol and Elhanan Helpman. 2008. "Contractual Frictions and Global Sourcing." In Helpman, Elhanan, Dalia Marin and Thierry Verdier (eds.) *The Organization of Firms in a Global Economy* (Cambridge, MA: Harvard University Press).

Antweiler, Werner and Daniel Trefler. 2002. "Increasing Returns and All That: A View from Trade." *American Economic Review* 92: 93 - 119.

Arkolakis, Costas and MarcA-Andreas Muendler. 2008. "The Extensive Margin of Exporting Goods: A Firm-Level Analysis." mimeo.

Arkolakis, Costas, Svetlana Demidova, Peter J. Klenow and Andrés Rodríguez-Clare. 2008. "Endogenous Variety and the Gains from Trade." *American Economic Review* (Papers and Proceedings) 98: 444 - 450.

Arrow, Kenneth J. and Frank H. Hahn. 1971. *General Competitive Analysis* (San Francisco: Holden-Day, Inc.).

Atkeson, Andrew and Ariel Burstein. 2010. "Innovation, Firm dynamics, and International Trade." *Journal of Political Economy* 118: 433 - 484.

Autor, David H., Lawrence F. Katz and Melissa Schettini Kearney. 2008. "Trends in U. S. Wage Inequality: Re-assessing the Revisionists." *Review of Economics and Statistics* 90: 300 - 323.

Aw, Bee-Yan, Sukkyun Chung and Mark J. Roberts. 2000. "Productivity and Turnover in the Export Market: Micro-level Evidence from the Republic of Korea and Taiwan (China)." *World Bank Economic Review* 14: 65 - 90.

Balassa, Bela. 1966. "Tariff Reductions and Trade in Manufactures among the Industrial Countries." *American Economic Review* 56: 466 - 473.

Balassa, Bela. 1967. *Trade Liberalization Among Industrial Countries* (New York: McGraw-Hill Book Company).

Baldwin, John R. and Wulong Gu. 2003. "Export Market Participation and

Productivity Performance in Canadian Manufacturing." *Canadian Journal of Economics* 36: 634 - 657.

Baldwin, Robert E. 1971. "Determinants of the Commodity Structure of U. S. Trade." *American Economic Review* 61: 126 - 146.

Balistreri, Edward J., Russel H. Hillberry and Thomas F. Rutherford. 2008. "Structural Estimation and Solution of International Trade Models with Heterogeneous Firms." Working Paper 09/89, CER-ETH-Center of Economic Research at ETH Zurich.

Bardi, Edward J. and Michael Tracey. 1991. "Transportation Outsourcing: A Survey of U. S. Practices." *International Journal of Physical Distribution and Logistics Management* 21: 15 - 21.

Bartel, Ann, Saul Lach and Nachum Sicherman. 2005. "Outsourcing and Technological Change." NBER Working Paper No. 11158.

Bernard, Andrew B., Jonathan Eaton, J. Bradford Jensen, and Samuel Kortum. 2003. "Plants and Productivity in International Trade." *American Economic Review* 93: 1268 - 1290.

Bernard, Andrew B. and J. Bradford Jensen. 1995. "Exporters, Jobs, and Wages in U. S. Manufacturing, 1976—1987." *Brookings Papers on Economic Activity*, Microeconomics 67 - 119.

Bernard, Andrew B. and J. Bradford Jensen. 1999. "Exceptional Exporter Performance: Cause, Effect, or Both?" *Journal of International Economics* 47: 1 - 25.

Bernard, Andrew B. and J. Bradford Jensen. 2004. "Why Some Firms Export." *Review of Economics and Statistics* 86: 561 - 569.

Bernard, Andrew B., J. Bradford Jensen and Peter K. Schott. 2009. "Importers, Exporters, and Multinationals: A Portrait of U. S. Firms that Trade Goods." In Dunne, Timothy, J. Bradford Jensen and Mark J. Roberts (eds.) *Producer Dynamics: New Evidence from Micro Data* (Chicago: University of Chicago Press).

Bernard, Andrew B., J. Bradford Jensen, Stephen J. Redding and Peter K. Schott. 2007. "Firms in International Trade." *Journal of Economic Perspectives* 21: 105 - 130.

Bernard, Andrew B., J. Bradford Jensen, Stephen J. Redding and Peter K. Schott. 2010a. "Intra-Firm Trade and Product Contractibility." *American Economic Review* (Papers and Proceeding) 100: 444 - 448.

Bernard, Andrew B., J. Bradford Jensen, Stephen J. Redding and Peter K. Schott. 2010b. "Intra-Firm Trade and Product Contractibility (Long Version)." NBER Working Paper No. 15881.

Bernard, Andrew B., Stephen J. Redding and Pete K. Schott. 2006. "Multi-Product Firms and Trade Liberalization." NBER Working Paper No. 12782.

Bernard, Andrew B., Stephen J. Redding and Pete K. Schott. 2007. "Comparative Advantage and Heterogeneous Firms." *Review of Economic Studies* 74: 31 - 66.

Bernard, Andrew B., Stephen J. Redding and Pete K. Schott. 2010. "Multi-Product Firms and Product Switching." *American Economic Review* 100: 70 - 97.

Bernhofen, Daniel M. and John C. Brown. 2004. "A Direct Test of the Theory of Comparative Advantage: The Case of Japan," *Journal of Political Economy* 112: 48 - 67.

Bernhofen, Daniel M. and John C. Brown. 2005. "An Empirical Assessment of the Comparative Advantage Gains from Trade: Evidence from Japan." *American Economic Review* 95: 208 - 225.

Blanchard, Olivier J. and Pedro Portugal. 2001. "What Hides Behind an Unemployment Rate: Comparing Portuguese and US Unemployment." *American Economic Review* 91: 187 - 207.

Blanchard, Olivier J. and Justin Wolfers. 2000. "The Role of Shocks and Institutions in the Rise of European Unemployment: The Aggregate Evidence." *Economic Journal* 110: C1 - C33.

Blonigen, Bruce A. 2005. "A Review of the Empirical Literature on FDI Determinants." *Atlantic Economic Journal* 33: 383 - 403.

Botero, Juan C., Simeon Djankov, Rafael La Porta, Florencio Lopez-de-Silanes and Andrei Shleifer. 2004. "The Regulation of Labor." *Quarterly Journal of Economics* 119: 1339 - 1382.

Brainard, Lael S. 1997. "An Empirical Assessment of Proximity-Concentration Tradeoff between Multinational Sales and Trade." *American Economic Review* 87: 520 - 544.

Brecher, Richard. 1974. "Minimum Wage Rates and the Pure Theory of International Trade." *Quarterly Journal of Economics* 88: 98 - 116.

Bowen, Harry P., Edward E. Leamer and Leo Sveikauskas. 1987. "Multicountry, Multifactor Tests of the Factor Abundance Theory." *American Economic Review* 77: 791 - 809.

Brecher, Richard A. and Ehsan U. Choudhri. 1982. "The Leontief Paradox, Continued." *Journal of Political Economy* 90: 264 - 267.

Broda, Christian and David E. Weinstein. 2006. "Globalization and the Gains from Variety." *Quarterly Journal of Economics* 121: 541 -585.

Bustos, Paula. 2009. "Trade Liberalization, Exports and Technology Upgrading: Evidence on the impact of MERCOSUR on Argentinean Firms." *American Economic Review*, forthcoming.

Campa, Jose and Linda S. Goldberg. 1997. "The Evolving External Orientation of Manufacturing Industries: Evidence from Four Countries." *Federal Reserve Bank of New York Economic Policy Review* 4: 79 - 99.

Carr, David, James Markusen and Keith Maskus. 2001. "Estimating the Knowledge-Capital Model of the Multinational Enterprise." *American Economic Review* 91: 691 - 708.

Caves, Douglas W., Laurits R. Christensen and Joseph A. Swanson. 1981. "Productivity Growth, Scale Economies, and Capacity Utilization in U. S. Railroads, 1955-74." *American Economic Review* 71: 994-1002.

Caves, Richard E. 2007. *Multinational Enterprise and Economic Analysis* (Cambridge: Cambridge University Press, 3rd Edition).

Chamberlin, Edward H. 1933. *The Theory of Monopolistic Competition* (Cambridge, MA: Harvard University Press).

Chipman, John S. 1966. "A Survey of the Theory of International Trade: Part 3, the Modern Theory." *Econometrica* 34: 18 - 76.

Choi, Yong-Seok and Pravin Krishna. 2004. "The Factor Content of Bilateral Trade: An Empirical Test." *Journal of Political Economy* 112:

887 - 913.

Christensen, Laurits R. and William H. Greene. 1976. "Economies of Scale in U. S. Electric Power Generation." *Journal of Political Economy* 84: 655 - 676.

Cieślik, Andrzey. 2005. "Intraindustry Trade and Relative Factor Endowments." *Review of International Economics* 13: 904 - 926.

Clerides, Sofronis K., Saul Lach and James R. Tybout. 1998. "Is Learning by Exporting Important? Micro-Dynamic Evidence form Colombia, Mexico, and Morocco." *Quarterly Journal of Economics* 113: 903 -947.

Copeland, Brian. 1989. "Efficiency Wages in a Ricardian Model of International Trade." *Journal of International Economics* 27: 221 - 244.

Costantini, James A. and Marc Melitz. 2008. "The Dynamics of Firm-Level Adjustment to Trade Liberalization." In Helpman, Elhanan, Dalia Marin and Thierry Verdier (eds.), *The Organization of Firms in a Global Economy* (Cambridge, MA: Harvard University Press).

Costinot, Arnaud. 2009. "On the Origins of Comparative Advantage." *Journal of International Economics* 77: 255 - 264.

Council on Foreign Relations. 2002. *America—Still Unprepared, Still in Danger* (New York: Council on Foreign Relations).

Das, Mita, Mark Roberts and James R. Tybout. 2007. "Market Entry Costs, Producer Heterogeneity and Export Dynamics." *Econometrica* 75: 837 - 873.

Davidson, Carl, Lawrence Martin and Steven Matusz. 1999. "Trade and Search Generated Unemployment." *Journal of International Economics* 48: 271 - 299.

Davis, Donald R., David E. Weinstein, Scott C. Bradford and Kazushige Shimpo. 1997. "Using International and Japanese Regional Data to Determine When the Factor Abundance Theory of Trade Works." *American Economic Review* 87: 421 - 446.

Davis, Donald R. and DavidW. Weinstein. 1999. "Economic Geography and Regional Production Structure: An Empirical Investigation." *European Economic Review* 43: 379 - 407.

Davis, Donald R. and David W. Weinstein. 2001. "An Account of Global Factor Trade." *American Economic Review* 91: 1423 - 1453.

Davis, Donald R. and David W. Weinstein. 2003. "Market Access, Economic Geography and Comparative Advantage: An Empirical Assessment." *Journal of International Economics* 59: 1 - 24.

Deardorff, Alan V. 1980. "The General Validity of the Law of Comparative Advantage." *Journal of Political Economy* 88: 941 - 957.

Debaere, Peter. 2005. "Monopolistic Competition and Trade Revisited: Testing the Model without Testing for Gravity." *Journal of International Economics* 66: 249 - 266.

Defever, Fabrice and Farid Toubal. 2010. "Productivity, Relation-Specific Inputs and the Sourcing Modes of Multinational Firms." mimeo, January.

Delgado, Miguel A., Jose C. Fariñas, and Sonia Ruano. 2002. "Firm Productivity and Export Markets: A Non-Parametric Approach." *Journal of International Economics* 57: 397 - 422.

Diamond, Peter A. 1982a. "Demand Management in Search Equilibrium." *Journal of Political Economy* 90: 881 - 894.

Diamond, Peter A. 1982b. "Wage Determination and Efficiency in Search Equilibrium." *Review of Economic Studies* 49: 217 - 227.

Dixit, Avinash K. and Victor Norman. 1980. *Theory of International Trade* (Cambridge: Cambridge University Press).

Dixit, Avinash K. and Victor Norman. 1986. "Gains from Trade Without Lump-Sum Compensation." *Journal of International Economics* 21: 111 - 121.

Dixit, Avinash K. and Joseph E. Stiglitz. 1977. "Monopolistic Competition and Optimum Product Diversity." *American Economic Review* 67: 297 - 308.

Dollar, David and Edward N. Wolff. 1993. *Competitiveness, Convergence, and International Specialization* (Cambridge, MA: The MIT Press).

Dornbusch, Rudiger, Stanley Fischer and Paul A. Samuelson. 1977. "Comparative Advantage, Trade and Payments in a Ricardian Model with a Continuum of Goods." *American Economic Review* 67: 823 -839.

Dornbusch, Rudiger, Stanley Fischer and Paul A. Samuelson. 1980. "Heckscher-Ohlin Trade Theory with a Continuum of Goods." *Quarterly*

Journal of Economics 95: 203－224.

Dunning, John H. 1977. "Trade, Location of Economic Activity and the MNE: A Search for an Eclectic Approach." In B. Ohlin, P. －O. Hesselborn and P. M. Wijkman (eds.). *The International Allocation of Economic Activity: Proceedings of a Nobel Symposium Held at Stockholm* (London: Macmillan).

Dunning, John H. 1988. "The Eclectic Paradigm of International Business: A Restatement and Extensions." *Journal of International Business Studies* 19: 1－31.

Eaton, Jonathan and Samuel Kortum. 2002. "Technology, Geography, and Trade." *Econometrica* 70: 1741－1779.

Eaton, Jonathan, Samuel Kortum and Francis Kramarz. 2004. "Dissecting Trade: Firms, Industries, and Export Destination." *American Economic Review* (Papers and Proceedings) 94: 150－154.

Eckel, Carsten and Peter J. Neary. 2009. "Multi-Product Firms and Flexible Manufacturing in the Global Economy." *Review of Economic Studies* 77: 188－217.

Ekholm, Karolina, Rikard Forslid and James R. Markusen. 2007. "Export-Platform Foreign Direct Investment." *Journal of the European Economic Association* 5: 776－795.

Estevadeordal, Antoni, Brian Frantz and Alan M. Taylor, "The Rise and Fall of World Trade: 1870—1939." *Quarterly Journal of Economics*, Vol. 118, 2003, 359－407.

Ethier, Wilfred J. 1982a. "Decreasing Costs in International Trade and Frank Graham's Argument for Protection." *Econometrica* 50: 1243－1268.

Ethier, Wilfred J. 1982b. "National and International Returns to Scale in the Modern Theory of International Trade." *American Economic Review* 72: 389－405.

Ethier, Wilfred . J. 1986. "The Multinational Firm." *Quarterly Journal of Economics* 101: 805－833.

Evenett, Simon J. and Wolfgang Keller. 2002. "On Theories Explaining the Success of the Gravity Equation." *Journal of Political Economy* 110:

281 - 316.

Fajgelbaum, Pablo, Gene M. Grossman and Elhanan Helpman. 2009. "Income Distribution, Product Quality, and International Trade." mimeo.

Feenstra, Robert C. 1994. "New Product Varieties and the Measurement of International Prices." *American Economic Review* 84: 157 - 177.

Feenstra, Robert C. 2009. "Measuring the Gains from Trade under Monopolistic Competition." mimeo.

Feenstra, Robert C. and Gordon H. Hanson. 1996a. "Globalization, Outsourcing, and Wage Inequality." *American Economic Review* 86: 240 - 245.

Feenstra, Robert C. and Gordon H. Hanson. 1996b. "Foreign Investment, Outsourcing and Relative Wages." In Feenstra, Robert C., Gene M. Grossman and Douglas A. Irwin (eds.). *The Political Economy of Trade Policy* (Cambridge, MA: The MIT Press).

Feenstra, Robert C. and Gordon H. Hanson. 1997. "Foreign Direct Investment and Relative Wages: Evidence from MexicO's Maquiladoras." *Journal of International Economics* 42: 371 - 393.

Feenstra, Robert C. and Hong Ma. 2008. "Optimal Choice of Product Scope for Multiproduct Firms." In Elhanan Helpman, Dalia Marin and Thierry Verdier (eds.) *The Organization of Firms in a Global Economy* (Cambridge, MA: Harvard University Press).

Feenstra, Robert C. and David E. Weinstein. 2010. "Globalization, Markups, and the U. S. Price Level." NBER Working Paper No. 5749.

Feinberg, Susan E. and Michael P. Keane. 2006. "Accounting for the Growth of MNC Based Trade Using a Structural Model of U. S. MNCs." *American Economic Review* 96: 1515 - 1558.

Findlay, Ronald and Kevin H. O'Rourke. 2007. *Power and Plenty: Trade, War, and the World Economy in the Second Millennium* (Princeton: Princeton University Press).

Fitzgerald, Doireann and Juan Carlos Hallak. 2004. "Specialization, Factor Accumulation and Development." *Journal of International Economics* 64: 277 - 302.

Flam, Harry and M. June Flanders. 1991. *Heckscher-Ohlin Trade Theory*

(Cambridge, MA: The MIT Press).

Ford, John L. 1982 "The Ricardian and Heckscher-Ohlin Explanations of Trade: A General Proof of an Equivalence Theorem and its Implications." *Oxford Economic Papers* 34: 141 - 149.

Gardner, Elizabeth. 1991. "Going On Line with Outsiders." *Modern Healthcare* 21: 35 - 47.

Girma, Sourafel, Holger Görg and Eric Strobl. 2004. "Exports, International Investment, and Plant Performance: Evidence from a Non-Parametric Test." *Economics Letters* 83: 317 - 324.

Girma, Sourafel, Richard Kneller and Mauro Pisu. 2005. "Exports versus FDI: An Empirical Test." *Review of World Economics* 141: 193 - 218.

Goldberg, Penny and Nina Pavcnik. 2007. "Distributional Effects of Globalization in Developing Countries." *Journal of Economic Literature* 45: 39 - 82.

Graham, Frank D. 1923. "Some Aspects of Protection Further Considered." *Quarterly Journal of Economics* 37: 199 - 227.

Graham, Frank D. 1948. *The Theory of International Values* (Princeton: Princeton University Press).

Grossman, Gene M. and Elhanan Helpman. 1996. "Foreign Investment with Endogenous Protection." In Feenstra, Robert C., Gene M. Grossman and Douglas A. Irwin (eds.). *The Political Economy of Trade Policy* (Cambridge, MA: The MIT Press).

Grossman, Gene M. and Elhanan Helpman. 2002a. *Interest Groups and Trade Policy* (Princeton: Princeton University Press).

Grossman, Gene M. and Elhanan Helpman. 2002b. "Integration versus Outsourcing in Industry Equilibrium." *Quarterly Journal of Economics* 117: 85 - 120.

Grossman, Gene M. and Elhanan Helpman. 2004. "Managerial Incentives and the International Organization of Production." *Journal of International Economics* 63: 237 - 262.

Grossman, Gene M., Elhanan Helpman and Adam Szeidl. 2006. "Optimal Integration Strategies for the Multinational Firm." *Journal of Interna-*

tional Economics 70：216－238.

Grossman，Gene M. and Esteban Rossi-Hansberg. 2018. "Trading Tasks：A Simple Theory of Offshoring." *American Economic Review* 98：1978—1997.

Grossman，Gene M. and Esteban Rossi-Hansberg. 2010. "External Economies and International Trade Redux." *Quarterly Journal of Economics* 125：829－858.

Grossman，Sanford J. and Oliver D. Hart. 1986. "The Costs and Benefits of Ownership：A Theory of Vertical and Lateral Integration." *Journal of Political Economy* 94：691－719.

Grubel，Herbert G. and Peter J. Lloyd. 1975. *Intra-Industry Trade：The Theory and Measurement of International Trade in Differentiated Products* (London：Macmillan).

Hakura，Dalia S. 2001. "Why does HOV Fail? The Role of Technological Differences within the EC." *Journal of International Economics* 54：361－382.

Hallak，Juan Carlos. 2006. "Product Quality and the Direction of Trade." *Journal of International Economics* 68：238－265.

Hallak，Juan Carlos and Peter K. Schott. 2010. "Estimating Cross-Country Differences in Product Quality." *Quarterly Journal of Economics*，forthcoming. Hanson，Gordon H. and Chong Xiang. 2004. "The Home-Market Effect and Bilateral Trade Patterns." *American Economic Review* 94：1108－1129.

Hanson，Gordon H.，Raymond J. Mataloni，Jr. and Matthew J. Slaughter. 2001. "Expansion Strategies of U. S. Multinational Firms." In Dani Rodrik and Susan Collins (eds.)，*Brookings Trade Forum* 2001 (Washington，D. C.：Brookings Institution).

Hanson，Gordon H.，Raymond J. Mataloni，Jr. and Matthew J. Slaughter. 2005. "Vertical Production Networks in Multinational Firms." *Review of Economics and Statistics* 87：664－678.

Harrigan，James. 1995. "Factor Endowments and the International Location of Production：Econometric Evidence for the OECD，1970—1985."

Journal of International Economics 39: 123 - 141.

Hart, Oliver D. and John Moore. 1990. "Property Rights and the Nature of the Firm." *Journal of Political Economy* 98: 1119 - 1158.

Head, Keith and John Ries. 2001. "Increasing Returns Versus National Product Differentiation as an Explanation for the Pattern of US-Canada Trade." *American Economic Review* 91: 858 - 876.

Head, Keith and John Ries. 2003. "Heterogeneity and the FDI versus Export Decision of Japanese Manufacturers." *Journal of the Japanese and International Economy* 17: 448 - 467.

Heckscher, Eli F. 1919. "The Effect of Foreign Trade on the Distribution of Income." In Harry Flam and M. June Flanders. 2001. *Heckscher-Ohlin Trade Theory* (Cambridge, MA: MIT Press).

Helper, Susan. 1991. "Strategy and Irreversibility in Supplier Relations: The Case of the U. S. Automobile Industry." *Business History Review* 65: 781 - 824.

Helpman, Elhanan. 1976. "Solutions of General Equilibrium Problems for a Trading World." *Econometrica* 44: 547 - 559.

Helpman, Elhanan. 1981. "International Trade in the Presence of Product Differentiation, Economies of Scale and Monopolistic Competition: A Chamberlin-Hechscher-Ohlin Approach." *Journal of International Economics* 11: 305 - 340.

Helpman, Elhanan. 1984a. "The Factor Content of Foreign Trade." *Economic Journal* 94: 84 - 94.

Helpman, Elhanan. 1984b. "A Simple Theory of International Trade with Multinational Corporations." *Journal of Political Economy* 92: 451 - 471.

Helpman, Elhanan. 1987. "Imperfect Competition and International Trade: Evidence from Fourteen Industrial Countries." *Journal of the Japanese and International Economies* 1: 62 - 81.

Helpman, Elhanan. 2004. *The Mystery of Economic Growth* (Cambridge, MA: The Belknap Press of Harvard University Press).

Helpman, Elhanan and Oleg Itskhoki. 2010. "Labor Market Rigidities, Trade and Unemployment." *Review of Economic Studies* 77: 1100 - 1137.

Helpman, Elhanan, Oleg Itskhoki and Stephen J. Redding. 2010a. "Inequality and Unemployment in a Global Economy." *Econometrica* 78: 1239 - 1283.

Helpman, Elhanan, Oleg Itskhoki and Stephen J. Redding. 2010b. "Unequal Effects of Trade on Workers with Different Abilities." *Journal of the European Economic Association* (Papers and Proceedings) 8 (2 - 3): 421 - 433.

Helpman, Elhanan and Paul R. Krugman. 1985. *Market Structure and Foreign Trade* (Cambridge, MA: The MIT Press).

Helpman, Elhanan, Marc J. Melitz and Stephen R. Yeaple. 2004. "Export versus FDI with Heterogeneous Firms." *American Economic Review* 94: 300 - 316.

Helpman, Elhanan, Marc J. Melitz and Yona Rubinstein. 2008. "Trading Partners and Trading Volumes." *Quarterly Journal of Economics* 123: 441 - 487.

Holmström, Bengt and Paul Milgrom. 1991. "Multitask Principal-Agent Analyses: Incentive Contracts, Asset Ownership, and Job Design." *Journal of Law, Economics and Organization* 7: 24 - 52.

Huber, J. Richard. 1971. "Effect on Prices of Japan's Entry into World Commerce after 1858." *Journal of Political Economy* 79: 614 - 628.

Hummels, David, Jun Ishii, and Kei-Mu Yi. 2001. "The Nature and Growth of Vertical Specialization in World Trade." *Journal of International Economics* 54: 75 - 96.

Hummels, David and Peter J. Klenow. 2005. "The Variety and Quality of a Nation's Exports." *American Economic Review* 95: 704 - 723.

Hummels, David and James Levinsohn. 1995. "Monopolistic Competition and International Trade: Reconsidering the Evidence." *Quarterly Journal of Economics* 110: 799 - 836.

Hunter, Linda. 1991. "The Contribution of Non-Homothetic Preferences to Trade." *Journal of International Economics* 30: 345 - 358.

Irwin, Douglas A. 2005. "The Welfare Costs of Autarky: Evidence from the Jeffersonian Embargo, 1807—1809." *Review of International Eco-*

nomics 13: 631 – 645.

Johnson, Robert. 2010. "Trade and Prices with Heterogeneous Firms." mimeo.

Jones, Ronald W. 1965. "The Structure of Simple General Equilibrium Models." *Journal of Political Economy* 73: 557 – 572.

Jones, Ronald W. 1971. "A Three-Factor Model in Theory, Trade and History." In Jagdish N. Bhagwati, Ronald W. Jones, Robert A. Mundell and Jaroslav Vanek (eds.) . *Trade, Balance of Payments and Growth: Papers in International Economics in Honor of Charles P. Kindleberger* (Amsterdam: North-Holland): 3 – 21.

Jones, Ronald W. 1980. "Comparative and Absolute Advantage." *Schweizerische Zeitschrift für Volkswirtschaft und Statistik* 3: 235 – 260.

Jones, Ronald W. and Jose A. Scheinkman. 1977. "The Relevance of the Two-Sector Production Model in Trade Theory." *Journal of Political Economy* 85: 909 – 935.

Juhn, Chinhui, Kevin M. Murphy and Robert H. Topel. 1991. "Why Has the Natural Rate of Unemployment Increased over Time?" *Brookings Papers on Economic Activity* 2: 75 – 142.

Khandelwal, Amit. 2009. "The Long and Short (of) Quality Ladders." *Review of Economic Studies*, forthcoming.

Kemp, Murray C. 1962. "The Gains from International Trade." *Economic Journal* 72: 803 – 819.

Kohler, Wilhelm K. and Marcel Smolka. 2009. "Global Sourcing Decisions and Firm Productivity: Evidence from Spain." CESifo Working Paper No. 2903.

Knight, Frank H. 1924. "Some Fallacies in the Interpretation of Social Costs." *Quarterly Journal of Economics* 38: 582 – 606.

Krugman, Paul R. 1979. "Increasing Returns, Monopolistic competition, and International Trade." *Journal of International Economics* 9: 469 – 479.

Krugman, Paul R. 1980. "Scale Economies, Product Differentiation, and the Pattern of Trade." *American Economic Review* 70: 950 – 959.

Krugman, Paul R. 1981. "Intraindustry Specialization and the Gains from

Trade." *Journal of Political Economy* 89: 959 – 973.

Krugman, Paul R. and Maurice Obstfeld. 2009. *International Economics: Theory & Policy* (Boston: Pearson, Addison Wesley, 8th edition).

Lancaster, Kelvin. 1979. *Variety, Equity, and Efficiency* (New York: Columbia University Press).

Lancaster, Kelvin. 1980. "Intra-Industry Trade under Perfectly Monopolistic Competition." *Journal of International Economics* 10: 151 – 175.

Leamer, Edward E. 1980. "The Leontief Paradox, Reconsidered." Journal of Political Economy 88: 495 – 503.

Leamer, Edward E. 1984. *Sources of International Comparative Advantage* (Cambridge, MA: The MIT Press).

Leamer, Edward E. and James Levinsohn. 1995. "International Trade Theory: The Evidence." in Gene M. Grossman and Kenneth S. Rogoff (eds.). *Handbook of International Economics*, Vol. III (New Your: Elsevier Science).

Lemieux, Thomas. 2006. "Increasing Residual Wage Inequality: Composition Effects, Noisy Data or Rising Skill Returns?" *American Economic Review* 96: 461 – 98.

Leontief, Wassily. 1953. "Domestic Production and Foreign Trade: The American Capital Position Re-Examined." *Proceedings of the American Philosophical Society* 97: 332 – 349.

Levchenko, Andrei. 2007. "Institutional Quality and International Trade." *Review of Economic Studies* 74: 791 – 819.

McCormick, Michael. 2001. *Origins of the European Economy: Communications and Commerce*, AD 300 – 900 (New York: Cambridge University Press).

McDougall, G. D. A. 1951. "British and American Exports: A Study Suggested by the Theory of Comparative Costs, Part I." *Economic Journal* 61: 697 – 724.

McDougall, G. D. A. 1952. "British and American Exports: A Study Suggested by the Theory of Comparative Costs, Part II." *Economic Journal* 62: 487 – 521.

McKenzie，LionelW. 1953—1954. "Specialization and Efficiency inWorld Production." *Review of Economic Studies* 21：165 - 180.

McKenzie，Lionel W. 1954. "On Equilibrium in Graham's Model of World Trade and Other Competitive Systems." *Econometrica* 22：147 - 161.

Manova，Kalina and Zhiwei Zhang. 2009. "Quality Heterogeneity Across Firms and Export Destination." mimeo.

Marin，Dalia and Thierry Verdier. 2008a. "Power Inside the Firm and the Market：A General Equilibrium Approach." *Journal of the European Economic Association* 6：758 - 788.

Marin，Dalia and Thierry Verdier. 2008b. "Competing in Organizations：Firm Heterogeneity and International Trade." In Elhanan Helpman，Dalia Marin and Thierry Verdier（eds.），*The Organization of Firms in a Global Economy*（Cambridge，MA：Harvard University Press）.

Markusen，James R. 1984. "Multinationals，Multi-Plant Economies and the Gain from Trade." *Journal of International Economics* 16：205 - 216.

Markusen，James R. 2002. *Multinational Firms and the Theory of International Trade*（Cambridge，MA：MIT Press）.

Marshall，Alfred. 1920. *Principles of Economics*（London：Macmillan，8th edition）.

Matsuyama，Kiminori. 2007. "Beyond Icebergs：Towards a Theory of Biased Globalization." *Review of Economic Studies* 74：237 - 253.

Matusz，Steven J. 1986. "Implicit Contracts，Unemployment and International Trade." *Economic Journal* 96：71 - 84.

Mayda，Anna Maria and Dani Rodrik. 2005. "Why are Some People（and Countries）More Protectionist than Others?" *European Economic Review* 49：1393 - 1691.

Melitz，Marc J. 2003. "The Impact of Trade on Intra-Industry Reallocations and Aggregate Industry Productivity." *Econometrica* 71：1695 - 1725.

Melitz，Marc J. and Gianmarco Ottaviano. 2008. "Market Size，Trade，and Productivity." *Review of Economic Studies* 75：295 - 316.

Mill，John Stuart. 1909. *Principles of Political Economy*（London：Longmans，Green and Co.）（original edition 1848）.

Mortensen, Dale T. and Christopher A. Pissarides. 1994. "Job Creation and Job Destruction in the Theory of Unemployment." *Review of Economic Studies* 61: 397-415.

Mussa, Michael. 1974. "Tariffs and the Distribution of Income: the Importance of Factor Specificity, Substitutability, and Intensity in the Short and Long Run." *Journal of Political Economy* 82: 1191-1204.

Neary, J. Peter. 1978. "Short-Run Capital Specificity and the Pure Theory of International Trade." *Economic Journal* 88: 488-510.

Nickell, Steven, Luca Nunziata, Wolfgang Ochel and Glenda Quintini. 2002. "The Beveridge Curve, Unemployment and Wages in the OECD from the 1960s to the 1990s." Center for Economic Performance, the LSE.

Nocke, Volker and Stephen Yeaple. 2006. "Globalization and Endogenous Firm Scope." NBER Working Paper No. 12322.

North, Douglas C. and Barry R. Weingast. 1989. "Constitutions and Commitment: Evolution of Institutions Governing Public Choice in Seventeenth Century England." *Journal of Economic History* 49: 803-832.

Nunn, Nathan. 2007. "Relationship-Specificity, Incomplete Contracts, and the Pattern of Trade." *Quarterly Journal of Economics* 132: 569-600.

Nunn, Nathan and Daniel Trefler. 2008. "The Boundaries of the Multinational Firm: An Empirical Analysis." in Elhanan Helpman, Dalia Marin and Tierry Verdier (eds.), *The Organization of Firms in a Global Economy* (Cambridge, MA: Harvard University Press).

Obstfeld, Maurice and Alan M. Taylor. 2004. *Global Capital Markets: Integration, Crisis, and Growth* (New York: Cambridge University Press).

Ohlin, Bertil. 1924. "The Theory of Trade." In Harry Flam and M. June Flanders. 2001. *Heckscher-Ohlin Trade Theory* (Cambridge, MA: MIT Press).

Ohlin, Bertil. 1933. *Interregional and International Trade* (Cambridge, MA: Harvard University Press).

Ohyama, Michihiro. 1972. "Trade and Welfare in General Equilibrium."

Keio Economic Studies IX：37 - 73.

Oi，Walter Y. and T. L. Idson. 1999. "Firm Size and Wages." In Orly Ashenfelter and David Card（eds.），*Handbook of Labor Economics*. vol. 3（Amsterdam：Elsevier).

Organization for Economic Cooperation and Development. 2002. *OECD Economic Outlook* 71.（Paris：OECD).

O'Rourke，Kevin H. and Jeffrey G. Williamson. 1999. *Globalization and History：The Evolution of the Nineteenth-Century Atlantic Economy*（Cambridge，MA：MIT Press).

O'Rourke，Kevin H. and Richard Sinnott. 2001. "What Determines Attitudes Towards Protection? Some Cross-Country Evidence." in Susan M. Collins and Dani Rodrik（eds.），*Brookings Trade Forum* 2001（Washington，D. C.：Brookings Institute Press).

O'Rourke，Kevin H. and Jeffrey G. Williamson. 2002. "When did Globalization Begin?" *European Review of Economic History* 6：23 -50.

Pavcnik，Nina. 2002. "Trade Liberalization，Exit，and Productivity Improvements：Evidence from Chilean Plants." *Review of Economic Studies* 69：245 - 276.

Pissarides，Christopher A. 2000. *Equilibrium Unemployment Theory*（Cambridge，MA：The MIT Press，second edition).

Pomeranz，Kenneth. 2000. *The Great Divergence：China，Europe，and the Making of the Modern World Economy*（Princeton：Princeton University Press).

Porter，Michael E. 1990. *The Competitive Advantage of Nations*（New York：The Free Press).

Reeve，Trevor A. 2006. "Factor Endowments and Industrial Structure." *Review of International Economics* 14：30 - 53.

Rajan，Raghuram，and Julie Wulf. 2006. "The Flattening Firm：Evidence from Panel Data on the Changing Nature of Corporate Hierarchies." *Review of Economics and Statistics* 88：759 - 773.

Ricardo，David. 1971. *On the Principles of Political Economy，and Taxation*.（Harmondsworth：Pelican Books [text of the third edition，1821；

original edition, 1817]).

Roberts, Mark J. and James R. Tybout. 1997. "The Decision to Export in Colombia: An Empirical Model of Entry with Sunk Costs." *American Economic Review* 87: 545 - 564.

Romalis, John. 2004. "Factor Proportions and the Structure of Commodity Trade." *American Economic Review* 94: 67 - 97.

Rybczynski, Tadeusz N. 1955. "Factor Endowments and Relative Commodity Prices." *Economica* 22: 336 - 341.

Samuelson, Paul A. 1939. "The Gains from International Trade." *Canadian Journal of Economics and Political Science* 5: 195 - 205.

Samuelson, Paul A. 1948. "International Trade and the Equalization of Factor Prices." *Economic Journal* 58: 163 - 184.

Samuelson, Paul A. 1954. "Transfer Problem and Transport Cost, II: Analysis of Effects of Trade Impediments." *Economic Journal* 64: 264 - 289.

Samuelson, Paul A. 1962. "The Gains from International Trade Once Again." *Economic Journal* 72: 820 - 829.

Scheve, Kenneth F. and Matthew J. Slaughter. 2001. "What Determines Individual Trade-Policy Preferences?" *Journal of International Economics* 54: 267 - 292.

Schott, Peter K. 2004. "Across-Product versus Within-Product Specialization in International Trade." *Quarterly Journal of Economics* 119, 647 - 678.

Shimer, Robert. 2005. "The Cyclical Behavior of Equilibrium Unemployment and Vacancies." *American Economic Review* 95: 25 - 49.

Smith, Adam. 1937. *The Wealth of Nations*. (New York: The Modern Library [original edition, 1776]) .

Stern, Robert M. 1962. "British and American Productivity and Comparative Costs in International Trade." *Oxford Economic Papers* 14: 275 - 296.

Stole, Lars A. and Jeffrey Zwiebel. 1996a. "Organizational Design and Technology Choice under Intrafirm Bargaining." *American Economic Review* 86: 195 - 222.

Stole, Lars A. and Jeffrey Zwiebel. 1996b. "Intra-Firm Bargaining under Non-Binding Contracts." *Review of Economic Studies* 63: 375 -410.

Stolper, Wolfgang W. and Paul A. Samuelson. 1941. "Protection and Real Wages." *Review of Economic Studies IX*: 58 - 73.

Tinbergen, Jan. 1962. *Shaping the World Economy* (New York: The Twentieth Century Fund).

Tomiura, Eiichi. 2007. "Foreign Outsourcing, Exporting, and FDI: A Productivity Comparison at the Firm Level." *Journal of International Economics* 72: 113 - 127.

Trefler, Daniel. 1993. "International Factor Price Differences: Leontief was Right!" *Journal of Political Economy* 101: 961 - 987.

Trefler, Daniel. 1995. "The Case of the Missing Trade and Other Mysteries." *American Economic Review* 85: 1029 - 1046.

Trefler, Daniel. 2004. "The Long and Short of the Canada - U. S. Free Trade Agreement." *American Economic Review* 94: 870 - 895.

Tybout, James R. and M. Daniel Westbrook. 1995. "Trade Liberalization and the Dimensions of Efficiency Changes in Mexican Manufacturing Industries." *Journal of International Economics* 39: 53 - 78.

UNCTAD. 1998. *World Investment Report: Trends and Determinants* (New York and Geneva: United Nations Conference on Trade and Development).

UNCTAD. 2004. *World Investment Report: The Shift Towards Services* (New York and Geneva: United Nations Conference on Trade and Development).

UNCTAD. 2008. *World Investment Report: Transnational Corporations and the Infrastructure Challenge* (New York and Geneva: United Nations Conference on Trade and Development).

UNCTAD. 2009. *World Investment Report: Transnational Corporations, Agricultural Production and Development* (New York and Geneva: United Nations Conference on Trade and Development).

Vanek, Jaroslav. 1968. "The Factor Proportions Theory: The N-Factor Case." *Kyklos* 21: 749 - 754.

Verhoogen, Eric. 2008. "Trade, Quality Upgrading, and Wage Inequality in the Mexican Manufacturing Sector: Theory and Evidence from an Exchange Rage Shock." *Quarterly Journal of Economics* 123: 489 - 530.

Viner, Jacob. 1965. *Studies in the Theory of International Trade* (New York: Harper &Brothers [original edition, 1937]).

de Vries, Jan. 1993. "Between Purchasing Power and the World of Goods: Understanding the Household Economy in Early Modern Europe." In Brewer, John and Roy Porter (eds.), *Consumption and the World of Goods* (London: Routledge).

Wake, C. H. H. 1986. "The Volume of European Spice Imports at the Beginning and End of the Fifteenth Century." *Journal of European Economic History* 15: 621 - 635.

Ward-Perkins, Bryan. 2005. *The Fall of Rome and the End of Civilization* (Oxford: Oxford University Press).

Williamson, Oliver E. 1975. *Markets and Hierarchies: Analysis and Antitrust Implications*. (New York: The Free Press).

Wilson, Charles A. 1980. "On the General Structure of Ricardian Models with a Continuum of Goods: Applications to Growth, Tariff Theory, and Technical Change." *Econometrica* 48: 1675 - 1702.

World Trade Organization. 2006. *International Trade Statistics* 2006. (Geneva: World Trade Organization).

World Trade Organization. 2008. *World Trade Report* 2008: *Transnational Corporations, and the Infrastructure Challenge*. (Geneva: World Trade Organization).

Yeaple, Stephen S. 2003a. "The Role of Skill Endowments in the Structure of U. S. Outward Foreign Direct Investment." *Review of Economics and Statistics* 85: 726 - 734.

Yeaple, Stephen S. 2003b. "The Complex Integration Strategies of Multinationals and Cross Country Dependencies in the Structure of Foreign Direct Investment." *Journal of International Economics* 60: 293 - 314.

Yeaple, Stephen S. 2006. "Offshoring, Foreign Direct Investment, and the Structure of U. S. Trade." *Journal of the European Economic Association* (Papers and Proceedings) 4: 602 - 611.

Yeaple, Stephen S. 2009. "Firm Heterogeneity and the Structure of

U. S. Multinational Activity." *Journal of International Economics* 78: 206–215.

Yeats, Alexander J. 2001. "Just How Big Is Global Production Sharing?" in Arndt, Sven W. and Henryk Kierzkowski (eds.), *Fragmentation: New Production Patterns in the World Economy* (Oxford: Oxford University Press).

Yi, Kei-Mu. 2003. "Can Vertical Specialization Explain the Growth of World Trade?" *Journal of Political Economy* 111: 52–102.

Zhu, Susan Chun and Daniel Trefler. 2005. "Trade and Inequality in Developing Countries: A General Equilibrium Analysis." *Journal of International Economics* 65: 21–48.

译后记

对外贸易是中国经济增长的重要引擎，并且中国已经是世界上重要的贸易大国。可以说，对外贸易对中国民众乃至世界各国人民有着显著的影响，也是政策制定的主要内容之一。然而，关于中国的对外贸易仍然存在诸多的争议和误解。哈佛大学赫尔普曼教授的这本专著以深入浅出的方式简明扼要地讨论了国际贸易的本质和最新进展，从而为我们更好地理解中国的对外贸易提供了宝贵的借鉴。

翻译本书的念头始于 2010 年 9 月。其时，笔者以麻省理工学院斯隆商学院访问学者的身份，经赫尔普曼教授同意得以旁听其在哈佛大学讲授的国际贸易课程。《理解全球贸易》一书的草稿当时刚刚完成，并作为该课程的学习辅助资料。拜读之后，我被其深深吸引，并立即向中国人民大学出版社推荐了此书。在相关人员，特别是马学亮先生的大力推动促成下，本译著终于能够与广大读者见面了。感谢编辑和审稿人的辛勤工作，希望大家喜欢本书，也欢迎大家的批评与建议。

图书在版编目（CIP）数据

理解全球贸易/赫尔普曼（Helpman，E.）著；田丰译. —北京：中国人民大学出版社，2012.11

（当代世界学术名著）

ISBN978-7-300-16654-4

Ⅰ.①理… Ⅱ.①赫… ②田… Ⅲ.①国际贸易-基本知识 Ⅳ.①F74

中国版本图书馆 CIP 数据核字（2012）第 261159 号

当代世界学术名著

理解全球贸易

E. 赫尔普曼（E. Helpman） 著

田 丰 译

Lijie Quanqiu Maoyi

出版发行	中国人民大学出版社		
社　　址	北京中关村大街 31 号	**邮政编码**	100080
电　　话	010－62511242（总编室）		010－62511398（质管部）
	010－82501766（邮购部）		010－62514148（门市部）
	010－62515195（发行公司）		010－62515275（盗版举报）
网　　址	http：//www. crup. com. cn		
	http：//www. ttrnet. com（人大教研网）		
经　　销	新华书店		
印　　刷	北京东君印刷有限公司		
规　　格	155 mm×235 mm　16 开本	**版　　次**	2012 年 12 月第 1 版
印　　张	11　插页 2	**印　　次**	2012 年 12 月第 1 次印刷
字　　数	170 000	**定　　价**	40.00 元